本书获2016年贵州省出版传媒事

贵州省科普丛书
贵州省科协科普作品专项经费资助

青少年科普
QINGSHAONIAN KEPU

ZIRAN ZAIHAI PIAN

蒋红涛◎主编

贵州科技出版社
·贵阳·

图书在版编目（CIP）数据

青少年科普.自然灾害篇/蒋红涛主编.--贵阳：
贵州科技出版社,2016.10（2020.6重印）
ISBN 978-7-5532-0520-5

Ⅰ.①青… Ⅱ.①蒋… Ⅲ.①自然灾害—灾害防治—
青少年读物 Ⅳ.①Z228.2②X43-49

中国版本图书馆CIP数据核字（2016）第224669号

出版发行　贵州科技出版社
地　　址　贵阳市中天会展城会展东路A座（邮政编码：550081）
网　　址　http://www.gzstph.com　http://www.gzkj.com.cn
出 版 人　熊兴平
经　　销　全国各地新华书店
印　　刷　天津行知印刷有限公司
版　　次　2016年10月第1版
印　　次　2020年6月第4次
字　　数　180千字
印　　张　7
开　　本　889mm×1194mm 1/32
书　　号　ISBN 978-7-5532-0520-5
定　　价　28.00元

天猫旗舰店：http://gzkjcbs.tmall.com

《青少年科普：自然灾害篇》
编写委员会

主　　编：蒋红涛

编　　委：（按姓氏笔画为序）

仇笑文　邓　婕　田仁碧　冯　倩

刘士勋　孙　玉　苏晓廷　李　青

李　惠　李建军　吴　晋　宋　伟

张　波　张　蕊　陈一菘　林　浩

孟豫筑　赵卓君　赵梅红　秦万通

徐帮学　彭　伟　蒋红涛　裴　华

F 前 言
FOREWORD

青少年是家庭的希望，是民族的希望，更是祖国的未来。青少年的安全和健康，关系到每一个家庭的幸福和未来，也关系到整个社会的和谐与发展，切实保障每一位青少年的安全，责任重大，意义重大。

现代社会，各种意外伤害及自然灾害时有发生，不断影响和威胁着青少年的正常生活。青少年的自我保护意识不强、防范能力较差，往往成为各种直接或间接伤害的受害者。惨痛的悲剧让我们深刻意识到：对青少年进行系统的安全知识教育，教给青少年自护、自救的安全知识是十分有必要的。仅仅依靠学校、家庭、社会对青少年进行保护是远远不够的，更重要的是要教会青少年怎样正确地面对纷繁复杂的现代社会，树立自护、自救观念，形成自护、自救意识，培养自护、自救能力，让青少年能够在遇到各种异常事故和危险时果断正确地进行自护和自救。

近五年来，国内中小学生、幼儿受到的伤害事故和非正常死亡人数逐年下降，连续10年没有发生特重大群死群伤安全事故。2015年，中小学生及幼儿非正常死亡人数较2014年下降了7.88％，较2011年下降了33.94％，各级政府、部门，特别是教育行政部门和学校都做出了巨大的努力。

各地教育行政部门和学校要更加重视中小学安全教育工作，

把安全作为最根本的底线，把培养学生的安全素养作为基础教育的重要任务。要更新工作理念，实现学生安全工作从管理向治理转变，推动把学生安全工作纳入社会治理，纳入城乡基层治理，充分发挥各方作用，努力实现系统治理、源头治理、综合治理的目标。

为了更好地帮助青少年学生有效地应对各种不安全因素，向大家普及有关交通出行、消防火灾、居家生活、野外出行、健康饮食、自然灾害、网络信息、校园生活的科普知识，学习安全事故出现时的应急、自救方法等，我们经过精心策划，组织相关专业人员编写了这套丛书。

丛书内容翔实，趣味性强，实用性强，可操作性强，包含了近些年发生的危险事件及自然灾害案例，以帮助广大青少年在危险及灾害来临时能够从容自救和互救。丛书旨在告诉青少年朋友，只要能够充分认识各种危险以及自然界的各种灾害的特点、形成的原因以及主要危害，学习一些危险及灾害应急预防措施，就能够在危险及灾害来临时从容应对，成功逃生和避险。

本丛书向广大青少年提供了系统的安全避险、防灾减灾的知识，可供广大青少年阅读和参考。希望青少年平时能够多阅读一些安全避险与自救的图书，以期危险及灾害出现时能及时发现险情，找到逃生之路，更好地保护和拯救自己，帮助他人。

少年强则中国强。我们衷心希望这套丛书，能够带给青少年朋友安全的实用指南、平安快乐的生活、美好幸福的未来！

由于丛书编写时间仓促，加上编者水平有限，疏漏及不当之处在所难免，欢迎读者朋友提出宝贵意见。

裴 华　蒋红涛

2016年8月

C 目 录
CONTENTS

第九章　滑坡和崩塌的防治

第十章　滑坡发生时的应急措施

第十一章　认识风灾

第十二章　遭遇风灾时的应急措施

第一章　认识洪涝灾害

　　水是生命之源，人类依靠水来生存，万物的繁衍生息同样也离不开水的滋润。但人类在享受水资源的同时也遭到了一次又一次的水灾威胁，这些威胁有自然因素，也有人为因素。例如，人类对森林的大肆砍伐，造成严重的水土流失，年复一年，水没有了森林的阻隔，开始泛滥成灾，给人们的财产带来巨大的损失，更吞噬了无

被洪水淹没的堤岸

数的生命。洪涝灾害是自然界一种极其常见的自然现象，如果我们能提高对自然的保护意识，加强对洪灾的了解，增强避险自救的意识，那么，我们就能更好地避免灾难的发生，就算在洪灾发生时，也能减少它对生命、财产安全的威胁。

一、洪涝灾害概述

一般来说，洪和涝是密不可分的自然现象，与人类的生活和社会活动紧密相连，它是在一定的地理、资源、环境、人口及社会经济条件下发生、发展的，自然因素和社会因素都会对其产生影响。

我国的河流大多数属于暴雨洪水性质，暴雨洪水是引发洪涝灾害最主要的自然因素。而暴雨洪水的产生又与天气、气候和水系条件相关联；天气、气候和水系条件又是随自然地理环境的不同而改变的，这一系列的相互关系都直接或间接地影响着洪涝灾害的类型、强度以及时间和空间的变化。

在人类历史长河中，虽然人类社会一直扮演着洪涝灾害的受害者角色，但也在不断地对洪涝灾害施加着各种正面或负面的影响。

由此可见，洪涝和其他自然灾害一样，具有自然和社会两种属性。它遵循自然规律的变化，但也随着人类社会的存在而发生着相应的变化。

洪涝灾害很少独来独往，它经常与其他自然灾害相伴相生，形成"洪涝灾害链"。如暴雨，它看起来不过是一种自然现象，但它会因为自然和社会环境的影响而形成洪水、泥石流、滑坡等灾害，而这些灾害有可能进一步造成水土流失、瘟疫蔓延等；再如台风，台风一般都携带着特大暴雨或大潮的侵袭，给人们的生命、财产带

乱砍滥伐导致水土流失

来严重的破坏与威胁；此外，地震也会引发洪水，2008年5月12日的汶川地震，因山体滑坡堵塞河道，形成堰塞湖，使河水大量囤积，极有可能造成特大洪灾。可见很多的自然灾害都与洪水有着密切的联系，所以对于洪水的治理是多方面的。全面改善自然和社会环境，可以有效地防御洪涝灾害，从而使人们的生命和财产安全得到保障。

二、洪涝灾害的性质和关系

洪涝灾害包括洪水灾害和涝渍灾害，虽然洪水灾害和涝渍灾害是两个不同的灾种，但它们又是密不可分的整体，因而统称为"洪涝灾害"。

我们从洪水的形成过程和灾害表现特点可以看出，洪灾是一种突发性非常强的自然灾害。在众多的自然灾害中，洪水的突发性仅次于地震灾害。突发性的洪水通常是具有局部地区性的洪水。如泥石流、山洪暴发和小流域洪水、风暴潮洪水等，这些洪水的形成过程很短，从其形成到灾难发生用时不过一两个小时，有的仅需数十分钟，而造成的灾难损失往往是非常巨大的。

例如，甘肃省文县城北关家沟位于嘉陵江上游地区，1982年8月6日，因短历时大暴雨而诱发泥石流，洪水流速为5～6米/秒，峰量达482米^3/秒，水头高8～10米，冲出沟口，直奔文县县城，一时间地动山摇，隆隆之声好似雷动，此次洪灾历时30分钟，最后抵达白水江，造成江水堵塞6分钟，形成面积约1700米^{2}的泥石流冲积扇，文县城内泥水深达2～4米，22人死亡，19人受伤，冲毁农田约13.33公顷，672间房屋和20千米公路损毁，直接经济损失约300万元。

这种发生在山区的洪水灾害，溪沟、小河流域的面积一般不超过$1×10^8$米^2，但是由于水流落差大，洪水暴涨暴落，洪水的速度惊人，一般在2.5～3.5米/秒，最大流速可达6～8米/秒，突发性强，很难防范，故破坏力非常大，历时1～10小时不等。当然，突发性的洪灾持续时间也可能很长，如沿海地区的风暴潮最长持续时间超过100小时。

特大洪水也具有突发性，因为其由区域性洪水和流域性洪水共

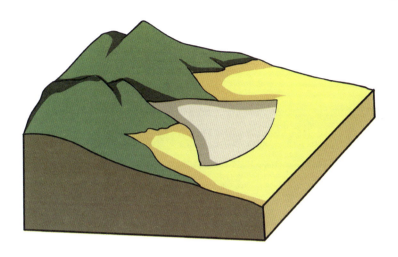

冲积扇的形成

同组成，区域性洪水和流域性洪水的突发性造成的破坏大多只需数
小时，而整个洪水过程有时要历时1～5个月。例如，1998年发生
在我国长江流域的特大洪水就是这种情况，这次洪水淹没了大面积
的平原，吞噬农田无数，周边城镇也遭受了严重的损失。2011年的
泰国特大洪水，从7月下旬一直持续到12月中旬，洪水导致泰国数
百万人受灾，700多人死亡，1/3的省份被淹，多个工厂停产。

涝渍灾害具有迟缓性。涝渍灾害与洪水灾害在时间分配上有
两种情况，一种是先涝后洪，另一种是先洪后涝。而且较之洪水灾
害，涝渍灾害持续的时间比较长，范围更广，季节性也更强，造成
的灾害不具有突发性但比较缓慢。

涝渍灾害的季节性强，可以从成因角度进行分析，湿度、降雨
量、蒸发、持续时间、土壤排水能力和农作物需水量等因素都与涝
渍有着密切的关系，故不同的气候环境和地域环境使我国不同地
区的易涝时间有所不同。比如长江中下游地区就有两个易涝季节：
一个是春季低温阴雨期，另一个是初夏梅雨期。

第二章 遭遇洪涝时的应急措施

1.水灾的自救逃生常识

案例：2008年5月29日南方暴雨，造成48人死亡，25人失踪。

2008年5月，在我国南方部分地区发生的大范围强降雨造成贵州、江西、湖南、广西等省（区）48人死亡、25人失踪。其中贵州省7个县市遭受洪涝风暴灾害袭击，暴雨引发洪水和山崩，摧毁了房屋、公路、田地，电力供给、电信系统也被迫中断，水灾造成18人死亡，12人失踪，166人受伤，4600多人被迫紧急转移接受安置。

2009年6月底开始，我国南方地区发生持续性强降雨，引发了广西、江西、湖南、湖北、贵州、重庆等12个省（区、市）的严重洪涝灾害。截至7月5日16时，受灾人口达3937.2万人，因灾死亡75人，失踪13人，紧急转移安置93.8万人，倒塌房屋10.1万间，灾害直接造成经济损失高达130.2亿元。

2013年3月，江西19个县（区）遭受洪灾。据江西省民政厅报告，截至3月9日，受灾人数为34.7万，农作物受灾面积为1.76万公顷，其中，绝收面积大约为900公顷，有1300多间房屋受损，约有9600万元的直接经济损失。

通过以上数字，我们可以看出水灾危害有多大。所以，平时就要做好各项防灾措施，多了解一些防范水灾的办法、丰富自身的防灾经验很有必要。

群众普遍缺乏避灾自救常识，会造成不必要的人员伤亡和经济损失。南方地区降雨频繁，水灾成为南方地区首要面临的自然灾害。因此，水灾的自救逃生知识就显得更加重要。

洪水突至，选择什么样的避灾场所才是最安全的？被洪水围困时，我们该怎样采取行之有效的办法，以免被洪水冲走？水灾过后，我们又当如何应对灾后疫情？每一个细小的问题都是关系到我们生死存亡的大问题，多了解一些避灾自救的常识，关键时刻可以救你一命。

（1）关注天气预报，提高警惕。

水灾通常较易发生在江河湖溪的沿岸和低洼地区，水灾的破坏主要是山洪暴发和江河湖海泛滥。山洪多发生在山区或丘陵地区，江河泛滥则多发生在河海江湖沿岸及低洼地带，在这些多发地带的居住地群众需要特别注意每年的汛期规律及暴雨周期，关注当地的水文情报预报和天气预报，提高警惕，安全预防很重要。

（2）洪水来临时的防范措施。

灾害前根据经验或灾害前兆作充分的预测估计，并取得相关的气象状况的支持，在水灾到来之前做好预防工作，及时转移人、畜、财物到安全地带。疏散转移时，尤其要照顾好老、弱、妇、孺及病人。

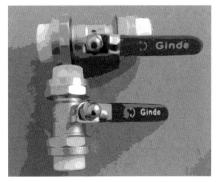

水闸开关

水文情报预报情况较紧

急时，及时迅速地准备好必要的食品、饮用水与保暖衣物，在需要疏散或转移时不致慌乱。

疏散和转移之前，一定要关好水闸，切断电源，对不方便带走的贵重物品做好防水措施，捆扎妥当，放在不易被洪水侵蚀的安全地方。出发前把门的缝隙堵塞好，门槛外侧填充沙包或旧毛毯等吸水之物，防止洪水漫入。关好门窗，防止室内财物顺水流走。

地处河堤缺口、危房处的人群必须马上撤离现场，迅速转移到高坡地带或高层建筑物的楼顶等安全场地等待救援。

洪水突至，如果来不及安全转移时，记住一个很重要的原则：人往高处走。就是说一定要往高处的方向逃生。收集身边一切可以利用的漂浮物。不到万不得已，绝对不可贸然下水。

应急逃生措施：一定要向高处转移。如爬上楼顶、大树或就近的高山头，发出求救信号，等待救援。

2.居家遇到水灾如何自我防护

洪水发生时，如果你在家中，首先要冷静，不要慌张。

马上关闭煤气总阀和电源总开关，以免发生煤气泄漏或电线浸水导电等状况。

衣被等御寒物如果不能随身携带，就放在高处保存；将不便携带的贵重物品做防水处理后埋入地下，不能埋藏的就放置在可以存放的最高处；票款、首饰等财物可以放在随身衣物中，以备不时之需。

房屋的门槛、窗户的缝隙是最先进水的地方。用袋子装满沙子做成沙袋，在门槛和窗处筑起第一道防线。沙袋可以自制，以长30厘米、宽15厘米大小为适宜，也可以用塑料袋或者简易布袋塞满沙子、碎石或泥土等，功用等同于沙袋。如临时找不到以上材料，可用旧毛毯或地毯、废旧毛巾等吸水之物塞住缝隙。

把所有的门窗缝隙用胶带纸封严，最好多封几层。

一定不要忘记老鼠洞穴、排水洞这些容易进水的地方，都要堵死。做好各项密闭工作的建筑物会很有效地防止洪水的浸入。

如果预计洪水水位很高，那么底层窗槛外及任何有缝隙可能浸入洪水的地方都要堆积沙袋。出门时尽量把房门关好，以免财物被水冲走。

假如洪水不断上涨，在短时间内不会消退，一定要及时储备一些饮用淡水、方便食物、保暖衣物和烧开水的用具。如果没有轻便的炊具或不方便使用炊具，要多准备方便食用且免加工的食物，还要准备火柴和充气打火机，必要时用来取火。最好多准备高热量食品，如巧克力、甜糕饼等，还有碳酸饮料、热果汁等，高热量食品能高效增强体力。

洪水到来时难以找到充足的饮用水，所以，在洪水来之前可用木盆、水桶等盛水工具储备干净的饮用水。最好是一些有盖子的可以密闭保存的瓶子、水桶之类，防止水源污染。

如果洪水迅速上涨，你可能不得不躲到屋顶或爬到树上。这时你要收集一切可用来发求救信号的物品，如哨子、镜子、手电筒、鲜艳的衣物、围巾或床单、可以焚烧的破布等。除此之外，手电筒和火光可以在夜晚及时发出求救信号，以争取及早获救。

如果水灾严重，你已经被迫上了屋顶，可以架起一个防护棚，或者就近选择粗壮的大树或离家最近的小山丘躲避水灾。如果屋顶是倾斜的，就用绳子或床单撕成条状把自己系在烟囱或其他坚固的物体上，以防从屋顶滑落。在树上要把身体和树木强壮的枝干等固定物相连，防止从高处滑落，掉入洪水急流被卷走。

如果水位看起来已经开始有淹没屋顶的危险了，就要开始准备自制小木筏，家里任何入水能漂浮的东西，如木桶、气垫床、箱子、木梁甚至衣柜，全都可以用来制作木筏。若没有绳子的话，就

用床单撕成条状捆扎物体。做好后一定要先试试木筏是不是能够漂浮并承载相应的重量，此外，能做桨用的东西也是必不可少的。需要提醒的是，发信号的用具无论何时都要随身携带。

不到迫不得已不要乘木筏逃生，因为这样做非常危险，尤其是水性不好的人，一旦遇上汹涌洪水，很容易翻船。除非大水已经有冲垮建筑物的可能，或水面将要没过屋顶，否则待着别动，因为洪水也许很快会停止上涨，最好就地等待救援更加安全。即使游泳技术好，也不要轻易下水，防止遭受暗流旋涡和漂浮物冲击。

3.洪水灾害中选择哪些物品帮助逃生

可选择体积较大的中空容器，如油桶、储水桶等。迅速倒空原有液体后，重新将盖盖紧、封好。这些是很好的、能增加人体浮力的东西。而密封性差的容器会给你的逃生带来麻烦。

空饮料瓶、木酒桶或塑料桶，如果单个的漂浮力较小，可以捆扎在一起增加浮力来应急。

足球、排球、篮球等运动器材的浮力都很好。

木质的桌椅板凳、箱柜等也都有一定的漂浮力。

4.财物的保存

贵重物品要妥善保存，以减少灾害损失。

不便携带的贵重物品，做防水捆扎后埋入地下或置放于高处不易被水浸泡的地方，埋入地下的位置要做好记号，确认其位置。

少量票款和首饰等做好防水处理后可以收在贴身的衣物中。

尽量做好屋内财产的防盗处理。

当情况紧急而自顾不暇时，不要舍不得财物，应轻装准备，迅速逃生。

5.逃生的物资准备

准备一台无线电收音机，检查电量是否充足，以备电路、网络中断时随时收听、及时了解各种相关信息。

准备大量洁净的饮用水，多备高热量的罐装果汁和保质期长、方便食用的食品，并做好密封工作，防止污染或变质。

多准备保暖衣物及各种有可能用到的药品，如治疗感冒、痢疾、皮肤感染的药品。

汽车加满油，保证需要的时候随时可以开

哨子

动，车内还要备有尖利工具等，以备在汽车没入水中时可以敲破车窗逃生。

6.自制漂浮筏逃生自救

自制木筏一定要采取正确的捆绑方法，捆扎结实才可能经得起风浪。

可收集木盆、木块或有浮力的木制家具并用绳子捆好，加工成可以承载相当重量的安全逃生用具。

泡沫板、木板一类面积、浮力较小的漂浮筏，可以多找一些捆扎在一起，这样可以增加漂浮力。

可以收集大量的秸秆、竹竿、树枝、木棍等，将其细密地编联起来，制成可以逃生用的排筏。

木板

7.洪水逃生方案

电视上曾经播放过这样一个事例：在一个小院中，一位瘫痪的老人和4个10岁左右的孩子被洪水围困，水位不断上涨。小院像一座孤岛孤立无援。这时水已经涨到了孩子的膝盖位置。为了到更加安全的地方去，4个孩子决定把老人移到院中的最高点——葡萄架上去。但是老人下肢瘫痪，行动不便，于是4个孩子中的两个先爬上去，从上面拉拽，两个孩子在下面推举，终于将老人安全地拖到了葡萄架上，就这样，4个孩子用自己的机智赢得了更多的求生机会和生存时间。最后，救援人员赶到，老人和孩子全部获救。

4个孩子依靠自己的力量，采取了最适宜的自救方法，救了自己和老人。在洪水中逃生，一定要因地制宜地采取积极的自救措施。

专家提醒：当已经被洪水包围时，要设法尽快与当地政府防汛部门或其他救援部门取得联系，准确报告自己的方位和险情，积极寻求救援。一定不要擅自游泳逃生，绝对不可攀爬带电的电线杆、铁塔和泥坯房的屋顶等。

8.洪水来临时的注意事项

受到洪水威胁时，如果时间来得及，要准备一切应急物品，按照预定路线，有组织、有计划地向山坡、高地等处转移；在措手不及且已经被洪水包围的情况下，要尽可能地利用逃生船只做水上转移。如果没有船只，就采用最方便取用的木排、门板、木床、密封水桶、木桶等有浮力的漂浮物等帮助逃生转移。洪水来得太快以至来不及转移时，要立即爬上屋顶、楼顶平台处、大树上、高墙等地暂时避险，并原地等待救援。

游泳技术再好，也不要单身游泳转移。在山区如果遇到连降暴雨的天气，最易暴发山洪灾害。遇到这种情况，更要避免涉水过河，防止被山洪急流冲走。山区的群众还要注意防范山体滑坡、泥石流的危害。

注意观察，如果发现高压线铁塔倾倒、电线低垂或折断，千万不可接近或触摸，要尽快远离危险的地方，防止直接触电或因地面"跨步电压"而触电。

地处河堤缺口、危房等危险地带的人群要尽快撤离灾害现场，迅速转移到高坡地带或高层建筑物的楼顶上。

为了保存财产，在离开住处时尽量把房门关好，这样等洪水退去后，财物损失可以减至最小，防止洪水冲走家具等财物。但千万不可留恋家中财物而不肯转移，或多带对自身安全没用的财物，而不顾及自身的生命安全。

洪水过后，要及时服用预防流行病的药物，做必要的卫生防疫工作，避免传染病的发生和流行。

9.灾害中，城市里应该避免的危险地带

城市情况复杂，洪水暴发后危机四伏。最有效的安全措施是原地不动等待水退。但是要远离城市中的以下地带：

危房里面或危房四周，防止出现高物砸落、危墙坍塌或电线浸水失火或漏电。

任何危墙及高墙周围，防止遭受洪水冲击后的墙体发生坍塌或砖瓦砸落。

窨井及马路两边的下水井口。

洪水淹没的下水道。

电线杆及高压电塔周围。

化工厂及储藏危险品的仓库。

10.城市遇洪水自救法

在城市中遇到洪水怎么办？专家称首先应该迅速登上牢固的高

层建筑避险，然后与救援部门取得联系。同时注意收集各种漂浮物，木盆、木桶都不失为逃离险境的好工具。分析洪水中人员失踪的原因，一方面是洪水流量大，猝不及防；另一方面是因为有的人不了解水情而冒险涉水。所以，洪水中必须注意的是，不了解水情时一定要在安全地带等待救援。

危房标志

避难所一般应选择在距离家最近、地势较高、交通较为方便且卫生条件较好的地方。在城市中大多选高层建筑的平坦楼顶，以及地势较高或有牢固楼房的学校、医院等。

被水冲走或落入水中者要保持镇定，尽量抓住水中漂流的木板、箱子、衣柜等物。如果离岸较远，周围又没有其他人或船，就不要盲目游动，以免体力消耗殆尽。无论你遇到何种情形，都不要慌，要学会发出求救信号，如晃动衣服或树枝，大声呼救等。

箱子

🐟 11.洪水来临时学生怎样逃生

洪水来临时要坚持的原则是：往高处走，切勿单独行动，要学会保护自己。

学生一定不要乱跑。听从学校的统一指挥，老师要根据现场情况，带领学生有组织、有秩序地快速向高处撤离。情况危急，来不及向校外转移时，可以组织学生上到学校楼顶，但是不要爬到泥坯

课桌

房的屋顶，这些房屋浸水后很快会塌陷。也可以爬上附近的大树，并及时发出呼救信号，等候救援。

如果是在校外遇到洪水，老师一定要组织好学生不要慌乱，要观察现场，寻找最佳的逃生路线，立即离开低洼地带，选择较高的有利地形躲避。一定不要涉水过河。

如果洪水突至，不能及时躲避，可以就地取材，选择浮力较好的木盆、木板、课桌等漂浮物，趴在上头，尽量将头露出水面，等待救援。

12.农村中洪灾发生时应该远离的危险地带

农村地形开阔，洪水容易长驱直入，房屋也易倒塌，水灾中的群众更易受到侵害。安全的避灾地点是山地和坚固的建筑。应该避免的常见危险地带有以下几种。

行洪区（指主河槽与两岸主要堤防之间的洼地）、围垦区。

水库、河床及渠道（常指水渠、沟渠等水流的通道）、涵洞（在水渠通过公路的地方，为了不妨碍交通，修筑于路面下的通道）。

危房中和危房四周。

电线杆、高压电塔附近。

13.在山区旅游时遇洪水怎么办

如果在山区旅游时遇到暴雨，山

远离断裂的电线杆

洪暴发的可能性很大，来势也很快，少则十几分钟，多则半个小时。没有应对灾害常识的游客总是在大雨过后，还滞留于山区游玩，甚至在河水、溪流中游泳，这是非常危险的。在山区旅游时，如果遇到暴雨，一定要提高警惕，马上寻找较高处避灾，注意观察，是否出现了灾害前兆，并及时与外界取得联系，争取求得最佳救援机会。

到山区旅游应注意以下几点。

（1）提前预防。

准备到山区旅游之前，要先了解旅游目的地及经过的路段是否属于山洪或泥石流多发区，要尽量避开这些可能存在危险的地区。山洪和泥石流等自然灾害的发生通常有一定的季节特征，在多发季节内应避免到这些地区旅游。在陌生的山区旅行，可以找个当地的向导，向导的经验可以帮你避开一些地质不稳定的地区或灾害多发区。要注意天气预报，如有暴雨或山洪暴发的可能情况，就要改变旅游计划，不可贸然出行。

（2）应急对策。

在山间行走时遇到洪水暴涨不要惊慌，要先找高处躲避，并尽量从高处找路返回。山洪暴发都有行洪道，不要顺着行洪道方向逃生，要向行洪道两侧逃避。洪水的暴发通常都携裹着大量泥沙和断裂的树木及岩石的残渣碎块，这些都是能置人于死地的。洪水通常由高处向低洼地带急速流动，所以一定要避开行洪道的方向，尤其是不能停留在山脚下，否则会被冲下来的洪水淹没。

在不幸遭遇洪水时，盲目涉水是非常危险的。如果不得不涉水逃生，尽可能采用最安全的方法，如先看河床上是否有坚固的桥梁，若有桥的话，一定要从桥上通过；如果河上没有桥，可以沿山涧行走寻找河岸较直，水流不急的河段试行过河。千万不要以为最狭窄的地方直线距离最短最好通过。要找河面宽广的地方，因为河面宽的地方一般都是地势最浅的地方，较少遇到急流，相对安全。

竹竿

如果会游泳，可以游泳过河，但是要向水流斜上方向游。估计体力不能游过河岸时，可试行涉水过河。通常先由游泳技术好的人在腰上系上安全绳，另一头紧紧系在岸边粗壮的大树或固定的岩石上，并请同伴抓住，下水试探河水深度及河床是否结实。试探安全后，游到对岸，将绳子系牢在树上或其他坚固的物体上，其他人就可以依靠绳子过河了。

如果正在瀑布旁或岩石上，也不要紧张，在涉水之前，要先选择一个最好的着陆点，用木棍或竹竿先试探一下是否坚固平整，起步之前还要扶稳木棍，防止因水滑而跌倒。尤其要注意的是，一定不要顺着水流方向行进，必须选择逆水流方向前进。

临时找不到绳子，可以就近找一些竹棍、木棒来试探水深及河床情况，这些东西还可以帮助身体保持平衡。行进时一定要注意前脚站稳后，再迈另一只脚，步幅不要太大。人数较多时，可以三两个人互相搀扶着一起过河。

如果山洪暴发，河水猛涨，已经被困在山中不能前进或返回时，要尽量选择山内高处的平坦地方或高处的山洞，在避开行洪道的地方求救或休息。食物、火种以及必需用品一定要随身携带并保管好，有计划地节约取用。

14.山洪暴发时的自救脱险法

山洪一般由暴雨引起，山顶土体含水量饱和，遇到暴雨，能量迅速累积，致使原有的土体平衡被破坏，土体和岩层裂隙中的压力水体冲破表面覆盖层，瞬间从山体中上部倾泻而下，形成山洪和泥石流。通常在山区沿河流及溪沟形成的暴涨暴落的洪水也会伴随

滑坡、崩塌和泥石流。拦洪设施的溃决也会引发山洪。山洪冲毁房屋、田地、道路和桥梁，造成人员伤亡和财产损失、基础设施毁坏及环境资源破坏等。这些由山洪暴发带来的危害叫作"山洪灾害"。山洪灾害分为滑坡灾害、泥石流灾害和溪河洪水灾害。

居住在冲沟、峡谷、溪岸或在山洪易发区的居民，如果遇到连降暴雨，更要高度警惕，尤其是在夜晚，如有异常，应立即远离现场，就近选择安全的地方避灾，并设法与外界保持及时、畅通的联系，为下一步救援工作做好准备。切不可心存侥幸或因顾及财物而耽误避灾的最佳时机，造成不必要的人员伤亡。

在山区，连降暴雨的天气最易暴发山洪。遇到这种情况要避免涉水过河，防止被山洪急流冲走。山区的群众还要注意防范山体滑坡、泥石流的危害。

遭遇山洪突发时应该采取的紧急措施有以下几点：

保持冷静，根据周边环境尽快向山顶或较高的地方转移；如一时无法躲避，可就近选择一个相对安全的地方避洪。

山洪暴发时，一定不要涉水过河。

被山洪困在山中时，要首先与当地政府的防汛部门取得联系，寻求救援。

遇到任何突发状况都要保持冷静，学会发出求救信号，如晃动颜色鲜亮的衣物或树枝，高声呼救等。

如果洪水来临时你身处山地高处，暂时不需要担心食物来源，因为各种动物依据逃生本能也会躲向高处，无论是大型食肉动物还是弱小的动物都会集中到安全地带，但这时也要小心，因为这些在逃生中惊慌失措的动物也许会伤害你。

山洪暴发时，干净的饮用水不易得到，可能已经被四周肆虐的大水严重污染，一定不要喝这种受到污染的水。最好的办法是接聚雨水饮用，如有条件在饮用前把它煮一下。

15.洪水暴发时如何避难逃生

洪水突然暴发时，首先要往地势高的地方跑，不要顺着水流的方向跑，尽量避免接触洪水。洪水的流动是非常快的，即使只有15厘米深，也很容易把人冲倒。60厘米深的洪水就可以冲走汽车，急速的洪水流动很容易危及生命。

水深在0.7~2米时，要及时采取避难措施。如首先看清洪水的流向，以选择最佳的逃生路线，避免被洪水追着跑的被动局面。

要认清路标。洪水多发地区政府一般建有避难道路，并设有指示行进方向的路标，避难人群可以很好地识别路标，避免盲目乱走，发生人群互相拥挤等混乱现象。

保持镇定。在洪灾中，由于突来的灾害、自身的苦痛、家庭财产的巨大损失，因而人心惶惶，如果再有流言蜚语的蛊惑、惊恐喊叫、警车和救护车的鸣笛声等一些外来干扰，更容易产生不必要的惊恐和混乱，造成更大的损失。因此，避难过程中必须保持镇定的情绪。

选择良好的避难场所。避难场所一般应选择在离家最近、地势较高、交通方便的地方，有较好的卫生条件，与外界能够保持良好的通信和交通联系。在城市中，可选择高层建筑的平坦楼顶，地势较高或有牢固建筑的学校、医院，以及地势高、条件较好的专用公园避难场所（一般居民集中住宅区附近都有一个这样的可作紧急避难之用的公共场所，并配有专门的应急设施）等。农村的避难场所，一是大堤上，二是政府为灾民提供的临时避难所。

高层建筑的楼顶

16. 公交车被困水中时的逃生自救法

公交车很容易在不断上涨的水中熄火，车厢会慢慢变成一个储水罐，这是非常危险的。这时候，司机、售票员和乘客要团结起来，相互救助，不要混乱拥挤。

公交车被困水中后的自救措施如下所述。

立即打开车门，有序地下车，一定不要互相拥挤，以防踩踏事故的发生。

若水流湍急，下车后大家可以手拉手形成人墙，缓慢稳定地涉水向岸边移动，这样可以避免个人因力量单薄，而被水冲倒。

锤子

如果车门已经不能打开时，可立即用车上的工具（如锤子、撬杠、钳子等）敲碎车窗玻璃逃生，注意不要被碎玻璃划伤。

17. 驾车时遭遇洪水的自救措施

如果你正在开阔地带驾车时遇到洪水，首先应该闭紧车窗，加速将车迎着洪水开过去，千万不可顺流开车，这样很容易淹没在急流中。也不能让洪水冲到车子的侧面，以免车被掀翻卷走。如果此时你正处在峡谷或山地地带，首先观察地形，迅速把车驶向高地。

如果汽车外面已经形成了积水，在水中要非常小心地驾驶，注意观察道路情况。

如果汽车在水中出现熄火现象，必须马上弃车，千万不要犹豫。洪水不断上涨，危险迫在眉睫，必须马上寻找逃生路线。

公路被水淹没后，不要再试图穿越，因为洪水水位上涨很快，这样很容易被困住。

18.水淹汽车逃生术

当汽车没入水中的时候，我们必须在水漫至车窗前逃离。如果汽车被冲入河中，这时仍有1～2分钟的时间是浮在水面上，车头因为有引擎，会较重一些，所以下沉会先由车头开始，还来得及逃生。这时一定要保持冷静，切勿慌乱。

摇起车窗，打开所有的车灯作为求救信号。

解开安全带，如果一时解不开，就找尖锐物把它割断。

洪水没有没过车窗时，可以立即摇下车窗从车窗爬出。

当洪水高于车窗时可以采取如下措施：

慢速降低车窗，趁洪水向车里涌入时寻找机会逃出。

如果车窗紧闭，不能正常下降，就用坚硬工具打破车窗。

如果没有坚硬工具，车窗实在不能打破，就尝试从天窗或前后玻璃窗逃离。

如果不能从车窗逃走，就尝试能否将车门慢慢打开，不过车外水压大，车门也许已经很难开启。这时车主一定要镇定，待车里的入水接近顶部，深呼吸，尝试打开车门，因为这时车内外的压力比较接近，车门比较容易打开。

19.暴雨时的自救

河道及沟谷、洼地一般是洪水积聚的地方，下暴雨的时候，不要在这些地方行走或停留，这里也是洪水最先到达和最多积聚的地方。

暴雨中，电线杆很容易带电，千万要远离，防止触电事故的发生。

迅速向较高的位置转移或及时爬到大树上，来不及的话就用腰带或其他可以做绳子的东西把自己固定在树干上或抱住大树，防止体力不支时被洪水冲走。

20.房顶救护

洪水还没到房顶时，这里是相对安全的避灾场所。如有小孩，一定不要让其乱跑或受惊吓，抱紧和看护好孩子。

如果是歇山式屋顶，在洪水冲击的时候，应该顺着屋脊的方向趴牢。可以掀掉瓦片，用手抱住脊檩。

风浪大时，可抱紧屋顶上的烟囱或其他坚固的固定设施，并用绳索或腰带、衣物等把自己固定好，防止滑落于水中。

21.被洪水围困时的应急自救

如果有充足的食品和饮用水供应，洪水中的"孤岛"也相对较安全，可以先待在坚固的建筑物上等待救援，不要轻易转移。等到水位不再上涨的时候，再返回家园或寻找其他安全、可靠的逃生方案。

被洪水围困时的自救措施如下：

被困高地、围堰、坝坎、山坡或楼顶时，处于较高的位置相对较为安全，但是也要确认建筑物是否坚固，注意观察洪水有没有继续上涨、房屋经过洪水浸泡是否存在坍塌的可能。如果有这些危险，要尽快向安全的地方转移。

饥饿和口渴时，不要擅自行动，可以挑选游泳技术好、身体强壮的年轻男性，返回居住地或就近寻找食物和洁净的饮用水。注意观察汛情，不要在大水汹涌、水位持续上涨的情况下返回居住地寻找食物或打捞落水财物。

妥善保管好通信工具，及时与外界或救援部门取得联系，发现船、飞机等救援工具时，寻求最及时的救援帮助。

可以利用燃火、放烟、镜片反光、大声呼救或挥动鲜艳的衣物等方法发出求救信号，以引起搜救人员的注意，从而获救。

准备转移时，备好绳索，或用床单、衣物等做成绳索，捆绑在坚固处，以增加安全系数，减小风险。

绳索

22.洪水上涨应急自救法

在洪水中逃生时，要寻找比水位更高的地方。在底楼或低处时，可以借助上涨洪水的浮力，一点一点地向高层或高处移动。

水位不再上涨无法再向高处攀爬时，先仔细观察，判断水势是否会继续上涨，能否就近寻找一个更为稳定、坚固的安全场所。

在不得不转移时，要有计划、有目标地制定严密、安全、可行的方案。

23.掉落洪水中如何逃生自救

万一掉进洪水里，为避免呛水，要屏气并捏住鼻子，千万不要乱扑腾，如果洪水水流并不深，先试试能否站起来。如水太深，脚不能触底，离岸较远时，就踩水助浮。注意身边有没有漂浮的物体可以增加浮力。如已被卷入洪水中，一定要尽可能抓住固定的或能漂浮的东西，寻找机会逃生。

大多落入洪水中的人丧命是由于惊慌失措而未采取正确措施所致。深呼吸有助于保持镇静。如果水温很低，除了这些必要的措施外，尽量避免消耗体力，以降低身体热量的消耗。

要记得脱掉鞋子，尤其是长靴，否则注满水会使人下沉。如果不会游泳的话，可以倒掉靴子里面的水夹在腋下，充作浮垫。衣服不要脱掉，衣服能保暖，且游离在衣服之间的空气可以提升浮力。

如果会游泳，就游向最近且容易登陆的岸边。如果是在江河中，不要径直游向河岸，因为这样既浪费力气，又消耗体力。可以顺流漂向下游岸边。如河流弯曲，就游向内弯，那里水流较缓慢，水也可能较浅。

倘若不会游泳，要高声呼救，但要保持镇定，并与救生人员合作。有人游来相救，一定要保持理智，出于求生本能而紧抱住救生人员只会导致双方都陷入困境，严重的更会因此丧生。

如果河岸陡峭，不易上岸，可先寻找其他可供攀爬之物，选择最佳登陆处，依靠攀援物挪移到岸边。不易攀爬时，就抓紧安全可靠的攀援物，一边呼救，一边深呼吸。

落入洪水后可以用踩水的办法自救。比较常见的是采用立式蛙泳的动作，身体与水面构成的角度很大，接近于直立。踩水可以让头部保持浮出水面，还可以像骑脚踏车那样双脚在水里踩，双手前后、上下划动，这样可以增加浮力，保持平衡。还有就是将双脚伸直，用小腿和脚轮流不停地打水，像自由泳那样。

24.在寒冷的水中如何自救

如果在寒冷季节落入水中，身体热量的消耗会很大，体温也会很快下降，人的身体就处于一种低温状态。浸入冷水初期，皮肤表面的血管会收缩（以减少从血管传热到表面），人会发抖（以产生较多的身体热量）。但浸入冷水时间久了，人体就不能保存并产生足够的热量，体温开始下降。下降到35℃以下时，人就会出现低温昏迷，下降至31℃以

救生背心

下，人就会失去知觉，肌肉开始僵硬，瞳孔也可能会扩大，心跳变得微弱而不规律。

因冷水的浸泡而发生的低温症，主要应对办法是有效地使用救生设备，减少在水中的活动，保持冷静，控制情绪，尽力防止或减少身体热量的散失。救生装备主要是漂浮工具，如救生背心、抗浸服以及救生船，主要是避免身体与冷水直接接触。

（1）保持冷静。

落入冷水者应该首先考虑保存体力，充分利用救生背心等救援物或抓住沉船漂浮物，安静地漂浮以等待救援。这样也会减轻在进入冷水时的不适感。在没有救生背心也抓

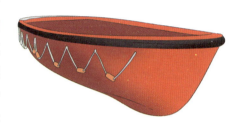

救生船

不到沉船漂浮物时，可用仰泳的姿势保持自己的身体漂浮在水面，以节省体力。只有当离海岸或打捞船的距离较近时，再考虑游泳。即使游泳技术再熟练，也不要轻易游动。

（2）保护头部，采取一定措施减缓身体热量的散失。

不得已入水后要尽量避免头颈部浸入冷水中。头部和手的防护非常重要。在水中可以采取双手在胸前交叉，双腿向腹部屈曲的姿势，这是为了减少与水接触的体表面积，特别是保护几个最易散热的部位，即腋窝、胸部和腹股沟。如果是几个人在一起，大家可以挽起胳膊，身体挤靠在一起以保存身体热量。

25.在水中体力不支时如何应对

很多人的获救往往缘于最后的坚持。当感觉到体力不支时，要想办法保存体力，一定要保持乐观心态，相信一定会有人来救援。

在树上或抱着漂浮物时，为节省体力，可以用衣服或鞋带等任何可用的东西将自己捆绑在树上或漂浮物上。

用木盆、木板、树木等相对安全的物品逃生时，不要拼命划水，如果不能及时获救，这样只会徒然消耗体力。

只身漂流时，可以用仰卧的姿势随波逐流，以节省体力。

不要挣扎胡乱扑腾，要细水长流地将体力慢慢释放出来。

二、洪水中的互救

1.溺水时的救护

溺水主要是人体浸没在水中时，气管内吸入大量水分阻碍呼吸，或因喉头强烈痉挛引起呼吸道关闭、窒息而死亡。溺水者也会因为有大量的水、泥沙、杂物经口、鼻灌入肺内，引起呼吸道阻塞、大脑缺氧导致昏迷甚至死亡。

溺水后最常见的症状有：溺水者面部青紫、肿胀，双眼充血，瞳孔散大，口腔、鼻孔和气管充满血性泡沫、泥沙或藻类，手足掌皮肤皱缩苍白，肢体冰冷，脉搏细弱，甚至抽搐或心跳停止。

溺水导致死亡常在4～6分钟。因此，对溺水者的抢救必须迅速而及时。不习水性而落水者不必慌乱，可以迅速采取自救：除呼救外，头使劲向后仰，下巴往外探出，尽量使口鼻露出水面，避免呛水，这时人会本能地将手上举或挣扎，但这只会加速身体下沉的速度，所以一定要保持冷静，避免因挣扎而造成更大的伤害。

会游泳的人如果因为乍入水中出现肌肉抽筋或因长时间在水中而发生肌肉疲劳，也可以采取上述自救办法。救护者要镇静，尽量脱去外衣、鞋或靴等。游到溺水者附近时，要看准位置，为避免被溺水者紧抱缠身，要从其后方出手救援，最好是用左手从其左臂或身体中间握其右手，或拖住头部，然后仰游回到岸边。如果来得

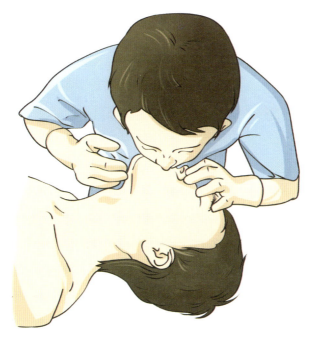

人工呼吸

及，可以带上救生圈、救生衣或塑料泡沫板等。

溺水者出水后，首先清理其口鼻内的污泥、痰涕，保持呼吸道通畅，然后进行控水处理。方法为：施救者单腿屈膝，让溺水者成俯卧的姿势，腰腹垫高，头向下，轻敲背部帮助排出肺和胃里的积水。检查其呼吸、心跳，如果停止，应该马上进行人工呼吸和胸外心脏按压，做好紧急抢救后，马上将溺水者送医院继续观察治疗。

注意事项如下：

抢救溺水者时，不要因为控水而花费太多的时间，重要的是检查其心跳、呼吸，并立即对其进行人工呼吸和胸外心脏按压；溺水者溺水后很容易并发肺水肿或肺部感染，做好紧急抢救后马上送医院继续做进一步的观察治疗。

借助救生圈求生

　　突然入水，如果发生小腿抽筋的现象，必须赶紧上岸，坐下来，把腿伸直，用手拍打按摩小腿肌肉。如果不能马上上岸，保持冷静，屏住气，在水中尽量完成上述动作，以缓解小腿抽筋症状。

　　救护溺水者时尽可能用救生圈、救生衣或木板等，专职救生员有更多这方面的经验，而其他即使游泳技术很好的人，进行施救行为时也一定要小心，尽量不要徒手接近溺水者或者在溺水者正前方抱住溺水者进行施救。

2.洪水来临时的自救与互救

　　如果洪水来势凶猛、势如破竹，已经来不及准备相应的避险工作和避险物资，甚至也来不及按安全的路线撤离时，那么，我们首先应该冷静地快速观察周围的情况而制定相应的避险措施。

　　如果洪水将近脚下，难以躲避，应该就近奔往相对高的地方躲避。或爬上屋顶、墙头，或攀上附近的大树，就地等待救援。假若水位已上涨到屋顶，应该尽可能利用身边的东西架起一个防护棚，用以保暖。除非建筑物将被洪水冲垮，或屋顶已被淹没而被迫撤离，否则都应该留守原地等待洪水退去后被救援。

洪水来临时，尽可能往高处躲避

如有可能，可以驾车躲避。在驾车躲避时，要注意遵从警示牌的指示，同时，也要注意避让障碍物。但是，如果汽车已经没有油料或洪水已经漫过车身，则应及时撤出，不要滞留于车内。

就地取材、巧妙运用。将身边任何可以漂浮的东西如气垫船、救生衣、木盆、塑料盆等作为救生工具，或将床、木梁、箱子、圆木、衣柜等用绳子或床单等物捆扎做成简易的木筏，随其漂流，以减少洪水的冲击。假如已经被卷入洪水之中，也要尽力抓住牢固的或浮力大的物体，以免在水中受伤。没有落水的人要迅速将能运用的漂浮器具扔在落水者附近对其进行救助。

镇定且理性地求助。在被洪水包围后，应该及时利用身边的通信工具同防汛部门取得联系，并清楚地告知对方自己被困的位置和被困状况，以增加救援成功率。

洪水中的木梁

3.洪水来临时、退去后的禁忌

切忌惊慌失措、大喊大叫。

切忌游泳逃生。

切忌接近或攀爬电线杆、高压线铁塔，以防触电。

切忌爬到泥坯房房顶。

切忌喝洪水，以免感染某些疾病。

洪水退去以后，切忌徒步越过水流很快、水深过膝的小溪。

洪水退去以后，切忌乱服预防药物，应听从医生建议，并及时、积极地配合当地卫生防疫部门的要求，搞好自己和周围的环境卫生，以预防传染病、防止蚊蝇孳生。

三、灾后防疫

1.注意饮食卫生

洪水发生时，人们忙于避灾，疲惫不堪，体力消耗很大，体质也会下降，而水灾很容易造成各种污染，此时就要非常注意饮食卫生。

不要食用被污水浸泡过或已经霉变、变质的食物，也不要食用由不洁粮食做成的食物。

不要食用洪水淹死的牲畜及家禽。水中死亡的鱼虾、贝类大多是因为中毒死亡，也不要食用。

不要食用被虫蝇叮咬过、老鼠啃啮过的食品，水灾中，这些动物极易携带各种传染病菌。

通过药物喷洒等各种方法消灭虫、蝇、老鼠，制作防蝇罩，防止这些动物对食品的污染。

不要食用被老鼠啃过的食品

2.水灾后要注意饮水卫生

水灾中河流、湖泊、水库等地表水源都会遭受污染。地下水、未落地的雨水尤其是新鲜的泉水都是比较安全的地表水，可以放心饮用，不过，饮用之前最好烧开。水灾过后，我们该怎样注意饮用

水的安全和卫生呢？

　　饮用水源处的杂草、淤泥及垃圾一定要清除干净，防止再次污染。必要时应安排专人看管，尽可能用水管将水直接接到居住地，减少污染途径和可能性。

可用漂白粉作消毒剂

　　饮用地表水时必须经沉淀消毒且煮沸后才能饮用。按比例在100升水中加12克明矾，或加入1～2克漂白粉，搅匀并沉淀后，同样可以起到消毒的功效。

　　未经任何处理的地表水也许已经被污染或者带有传染病菌，一定不要直接饮用。

3.水井消毒

　　先把水井的水彻底淘干，清除井底的污泥。一定不要饮用水灾过后水井中第一次渗出的井水。

　　等水井渗出的清水达到正常水位后，在每立方米水中加入含氯

水井的水要消毒

25％的漂白粉150～200克，浸泡12～24小时后，再把井水淘干。

自然渗水再次达到正常水位后，再按每立方米10～20克的比例投放漂白粉，漂白粉溶化或沉淀后井水即可饮用。

4.防疫应急自救

加强公共卫生的管理。及时清理居住地及周边的生活垃圾，妥善做好粪便处理，对周围环境喷洒石灰水或福尔马林等进行消毒。

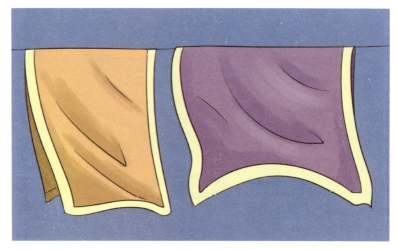

多晾晒被褥

注意个人卫生，勤洗澡，常换衣，多晾晒被褥，加强临时住所的通风换气。

发现疾病时马上就诊治疗，需要的时候，配合卫生部门做好安全隔离工作，避免在人群密集处大范围地互相传染。

灾害发生时，除了克服各种不方便的环境影响，还要比平时更加注意卫生。

5.灾后主要疾病预防

水灾中必须预防的主要疾病有腹泻、疥疮、呼吸系统感染等。完善的社会保障和积极的个人预防能够有效地防止和控制疾病的扩散、蔓延和传播。

灾后的疾病预防措施有以下几点：

注意个人的饮食卫生，用消毒剂清洗所有可能被污染的地方，经常保持居住环境的清洁和通风。

注意做好已患病病人的隔离工作。

6.洪水过后不应忽视的其他防疫

洪水退去后，动植物的腐烂，大小水体的存在等，会造成蝇、蚊的大量孳生。因此，洪灾后认真搞好消毒工作与媒介生物的控制，是防止灾后出现疫情的重要卫生防疫措施之一。

（1）粪便处理。

粪便若处理不好，极易污染水源，孳生蝇类。灾民安置点应设临时厕所，人们不要随地大小便。

粪便消毒采用10份粪水加1份漂白粉，搅拌均匀，两个小时后倒在指定地点掩埋。

肠道传染病人的粪便按5份与漂白粉1份的比例，或加等量的生石灰搅匀2～4个小时后，倒在指定地点掩埋。

（2）动物尸体处理。

对洪灾后的动物尸体要及时进行消毒，深埋在1.5～2米地下。掩埋点须选在地势高、远离水源处。尸体选用10％漂白粉澄清液，按200毫升/米^{2}用量喷雾，1～2个小时后掩埋，掩埋时再用漂白粉干粉20～40克/米^{2}的量洒盖于尸体上，然后覆土掩埋。运输车辆、使用的工具，用1％～2％的漂白粉澄清液喷雾，1个小时后方可作他用。

第三章 认识泥石流

 一、泥石流概述

　　泥石流是由岩屑、泥土、沙石、石块等松散固体物质和水组成的混合体，在重力作用下沿着坡面或沟床向下运动的过程。

　　很多人分不清泥石流和滑坡，经常把泥石流误认为是滑坡。泥石流和滑坡有相同之处，它们运动的能量都源于重力，但它们却是

泥石流现象

36

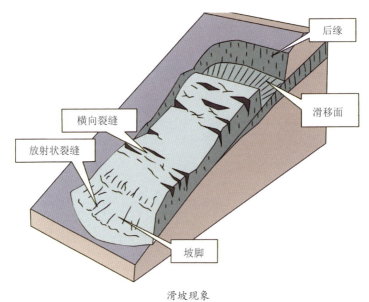

后缘

滑移面

横向裂缝

放射状裂缝

坡脚

滑坡现象

两种不同的自然灾害。泥石流是沿着沟床或坡面流动的，在流体和沟床或坡面之间存在着泥浆滑动面，但不存在山体中的破裂面，这是泥石流和滑坡最大的不同。

泥石流是介于滑坡与流水之间的一种地质作用。典型的泥石流是由悬浮着粗大固体碎屑物和富含黏土及沙石的黏稠泥浆组成。泥石流的形成需要适当的地形条件，当山坡中的固体堆积物质被大量的水体浸透，其稳定性就会降低，这些固体堆积物由于饱含水分，在自身重力的作用下就会发生运动，从而形成泥石流。泥石流的暴发总是突然的，来势凶猛且携带巨大的石块高速前进，其强大的能量会造成极大的破坏，因此，泥石流是一种灾害性的地表过程。

峡谷和地震、火山地区是泥石流的多发区，并且在暴雨期具有群发性。泥石流暴发时常伴随着其他现象，如浓烟腾空、山谷雷鸣、地面震动、巨石翻滚等，浑浊的泥石流沿着山涧峡谷冲出山

火山地区

外，在山口堆积。

　　泥石流给人们的生命财产安全带来严重的威胁，这是由泥石流的突发性、凶猛性、快速性以及冲击范围大、破坏力度强等特点所造成的。

1.影响泥石流形成的因素

地形、水源和松散固体物质是形成泥石流的必备条件。但是，影响泥石流形成的因素很多也很复杂，包括地形地貌、气候降雨、土层植被、水文条件、岩性构造等。

地形陡峭，山坡的坡度大于25°、沟床的坡度不小于14°的流域通常容易孕育泥石流灾害。巨大的相对高差使得地表物质处于不稳定状态，在降雨、地震、冰雪融化等一系列外力的作用下，容易发生向下滑动的现象，形成泥石流。

泥石流的形成所必需的固体物质，主要由泥石流流域的斜坡或沟床上大量的松散堆积物所构成。固体物质也是泥石流的主要成分之一，其主要来源有冰积物、坡积物，山体表面风化层和破碎层，崩塌、滑坡的堆积物以及人工工程的废弃物等。

水既是泥石流的重要组成部分，也是决定泥石流流动特性的关键因素。我国多数地区受东亚季风的影响，因此，引发泥石流最主要的水源是夏季的暴雨，其次是水库溃坝和冰雪融化等。

泥石流活动可分为以下3个过程：形成—输移—堆积。在形成区，由于水分的充分浸润饱和，大量积聚的泥沙、岩屑、石块等物质会沿着斜坡开始形成土、石和水的混合流体。一个活跃的泥石流形成区是会发展变化的，能够从简单的单向发展成树枝状的多向。在输移区，泥石流在发展过程中相对稳定，且主要集中在坡度较缓的山谷地带出现。一般地形较为开阔的地区是堆积区，这里泥石流流速变慢，会出现堆积现象。由于流域内来沙量的增多，堆积区会不断扩展、增大。在泥石流的下游则经常会出现堵塞或掩埋河道的现象，使原来的河道发生变形或改道。

泥石流的形成、发展和堆积过程，也是一次破坏和重新塑造地表的过程。

2.影响泥石流强度的因素

地形地貌、地质环境和水文气象3个方面的因素影响着泥石流活动的强度。比如滑坡、崩塌、岩堆群落地区，泥石流固体物质的补给源主要来自于岩石破碎和深度的风化作用。在沟谷，由于其长度较大、纵向坡度较陡、汇水面积大等因素，为泥石流的流动提供了极为有利的条件。泥石流的水动力条件主要来自水文气象因素。泥石流的强度还和暴雨的强度有关系，通常情况下，在短时间内出现的大强度暴雨容易形成泥石流。

3.泥石流形成的必备条件

泥石流是泥、沙、石块与水体组合在一起并沿一定的沟床运（流）动的流动体，其形成需要具备以下条件。

（1）水体。

暴雨、水库溃决、冰雪融化等是水体的主要来源。

（2）固体碎屑物。

滑坡、山体崩塌、水土流失、岩石表层剥落、古老泥石流的堆积物及滥伐山林、开矿筑路等人类经济活动形成的碎屑物，都是固体碎屑物的主要来源。

（3）一定的斜坡地形和沟谷。

形成泥石流的地形条件是自然界经长期地质构造运动形成的高差大、坡度陡的坡谷地形。

当以上3个条件具备了，泥石流就会形成，但它又是如何暴发的呢？通常有以下3种形式。

在暴雨的浸润击打下，山坡坡面土层的土体渐渐失稳，沿斜坡下

典型泥石流

滑的同时与水体混合，于是，侵蚀下切，形成悬挂于陡坡上的坡面泥石流。北京山区农民常常将其命名为"水鼓""龙扒掌"。

沟谷中上段的沟床物质受地表水浸润冲蚀，随着冲蚀强度的不断加大，某些薄弱的沟段里的石块等固体物就会松动、失稳，然后，遭到猛烈的掀揭、铲刮并与水流搅拌形成泥石流。

沟源崩、滑坡土体触发沟床物质活动也能引发泥石流。即沟源崩、滑坡土体发生溃决，沟床固体碎屑物受到强烈的冲击并随之运动，即会引发泥石流。

在泥石流发生的3个必备条件中，水是最重要的因素。它既决定了"水鼓""龙扒掌"的形成与否，又对沟谷中形成的泥石流有着重要影响。最常见的情况是：泥石流的产生过程是以上两种情况的组合，在山坡上面发生滑落，在沟谷下面发生冲蚀。连续的暴雨是造成泥石流的自然原因，而乱砍滥伐森林，导致山体表面水土流失严重，则是造成泥石流灾难的人为原因。

二、从不同的角度看泥石流

1.泥石流是一种地质灾害类型

崩塌、滑坡泥石流都属于地质灾害。2000年4月2日，我国国土资源部在纪念世界地球日的座谈会上表示，地质灾害造成的损失占自然灾害的1/4～1/5。仅2011年一年，全国共发生地质灾害15 664起，其中滑坡11 490起、崩塌2319起、泥石流1380起、地面塌陷360起、地裂缝86起、地面沉降29起；造成人员伤亡的地质灾害119起，其中245人死亡、32人失踪、138人受伤，直接经济损失40.1亿元。所以，对泥石流的研究尤其是对灾害的调查和评估，既要考虑到国家的统一标准，也要对比崩塌、滑坡灾害。其中，泥石流是上述地质灾害中地域分布较广的一种类型（分布面积约

1×10^{12} 米^2），此外，它还具有暴发频繁、危害性大、成灾率高的特点。

2.泥石流是一种地质过程

泥石流沉积是沉积相的重要组成部分。与一般的外力地质过程相比，泥石流的速度要快得多。有研究指出，在第四纪时期，我国云南小江流域泥石流曾出现过3个强盛期。云南东川大桥河两岸均有明显的古泥石流沉积出露现象。

3.泥石流是一种地貌过程

泥石流是一种重要的、可以在短时间内产生大冲大淤的地貌外营力，加快了局部侵蚀的堆积过程。比如云南小江河谷一带的支沟下切形成的泥石流阶地，以及在沟口沉积而形成的相互交错的泥石流堆积扇，都是这一地貌过程的暂时形态。

泥石流堆积扇

4.泥石流是严重水土流失的产物

整个流域内都有由水流引起的土壤侵蚀，且贯穿于径流产生的全过程，汇流过程中总会产生水土的流失，和流域大小无关。泥石流的动力作用并不相同，且流失强度的数量级差非常大。一场泥石流从发生到结束所需要的时间不过数分钟，多则十多分钟或几十个小时，但是却能够输移总量达成千上万立方米的固体物质，有时甚至会输移几十万或几百万立方米的物质。

5.泥石流是一种多相非均质流体

泥石流的固相物质的体积浓度可达78％，流体中含有粒径相差悬殊的各种固体颗粒，小到0.001毫米的胶粒、黏粒，大到漂砾、砾石，因此它有非常高的密度。泥石流固体颗粒的差异性，尤其是流体中含有多少粒径在0.005毫米以下的细粒物质，都极大地影响到流体性质。流体运动机理的研究已经成为现在最热门的话题，泥石流体的性质到底属于哪种物理模型，各国学者有着不同的看法。

第四章 泥石流来临时的应急措施

 ## 一、泥石流来时的逃生方法

泥石流一般是由山区沟谷中的暴雨、冰雪融水等导致的。因为水源大量增加，激发了山洪的暴发，洪水在下泻时卷带了大量固体物质和泥沙，从而形成泥石流。泥石流的威力远大于洪水，由上至下、来势凶猛，常会给人类生命财产造成重大危害。下面介绍几种如何预防泥石流及逃生的方法。

山谷常是泥石流下泻的路径，所以若在山谷中遭遇大雨，一定不要在谷底停留过长时间，要迅速转移到安全的高地。

在山区、半山区旅行时，如听到异常的响声，看到有石头、泥块频频飞落，表示附近可能有泥石流袭来。如果声音越来越大，泥块、石头等物明显在附近飞落，则证明泥石流距离已经很近，这个时候不要贪图财物，要尽快逃生。

泥石流所占的横向面积一般不会很宽，逃生时要向泥石流卷来的两侧（横向）跑。同时注意观察地形，努力向未发生泥石流的高处逃避。

在山区扎营时要选好位置，不要在谷地和排洪通道处扎营，河道弯曲汇合处也不是安全的地点，一定要选择平整高地作为营地，避开有滚石和大量堆积物的山坡。

经过泥石流多发地段时，不但要注意观察，还要收听当地的有关预报加以防范。

如发现泥石流，情况很危急时，可向树林密集的地方逃生躲避。树木是有效的生物屏障，可以减缓泥石流的滚落速度、减少危害。来不及奔跑时要就地抱住树木。

二、遭遇泥石流时怎么办

我国泥石流灾害主要集中发生在七八月份，据不完全统计，这两个月发生的泥石流灾害占全年泥石流灾害的90%以上。我国泥石流危害严重的地区主要有川西地区、陕南秦岭、滇西北、滇东北山区、大巴山区、辽东南山地、甘南及白龙江流域（以武都地区最为严重）。

洪水暴发

无论是定居还是从事社会活动，大家都要尽量避开泥石流多发区。居住选址要慎重选择建筑位置，坡道或沟壑附近要尽量避免。穿越泥石流多发区时，最好选在泥石流最少的季节和时间。

夏季暴雨多发期也是泥石流的多发期，游客是最容易受泥石流困扰的群体，而夏季又是大家去山区游览的最佳时节，因此，如果去山区游览，一定要注意天气预报，千万不要在大雨天或将有大雨的情况下进入峡谷。

除了暴雨，初春融雪、地震和大型施工活动也是诱发泥石流的重要因素。

预测泥石流虽然不容易，但也不能忽视，能发现泥石流的前兆是极为重要的。

另外，普及泥石流相关知识，掌握逃生手段也是很必要的。有谚语说："人为财死，鸟为食亡。"如遇到危险千万不要"爱财不要命"，若在房屋内不要执着于细软，若在户外不要舍不得随身重物，一切财富都可以再创造，如果生命没有了，再多的财富又有什么用呢？

有可能的话，逃出时可多带些衣物和食品。因为一旦灾难发生，通信和交通都有可能处于瘫痪状态，使救援工作陷于困境。泥石流过后的天气往往很阴冷，饥饿和寒冷也会危及生命安全。

泥石流停止后，并不意味着灾难和危险已过，因为有些泥石流具有间歇性特点，所以要确认泥石流完全结束后才能返回。经过刚发生过泥石流的地区时，不仅要注意两旁的堆积物和滚落物，还要注意观察周围动静，最好绕道找一条安全的路线。

如果遭遇泥石流时身处汽车或火车等交通工具中，应果断放弃交通工具，逃生躲避。虽然一些交通工具会形成一个保护空间，但是当被泥石流掩埋时，车厢也会被密封起来，会导致车内的人窒息而死。

泥石流还可能引发其他灾难，如我们之前提到的次生灾难——洪水。若不能采取泄洪措施，则要迅速疏散人群，躲避至安全地带。

 ### 三、适合躲避泥石流的地方

　　所谓水往低处流，故而千万不要顺着水流方向跑，高处才是安全的。

　　有可能的话，尽量躲避到距离泥石流发生地较远的地方。

　　若来不及跑那么远，应选择到河谷两岸的山坡高处，注意不要选择土质松软的地带。

　　泥石流的流径一般不会太宽，若是确认河床两岸的土质较为牢固，河床两岸的高处地段也不失为一个好的避难地。

 ### 四、灾后食品不足、水源污染怎么办

　　泥石流携带着大量的固体物质和泥沙，很容易将附近的水源污染，这时千万不要饮用被污染的水。最好是用山上的野果来充饥、解渴。

　　要注意的是，食物来源不足或不稳定时，要有计划地适量进食，以维持生命、等待救援。若食物短缺，则要坚定信念，可以一边寻找山果等充饥，一边等待政府的救援物资。

　　水源被污染后不要饮用，以免对身体造成更大的伤害，或者引发中毒现象，可以收集雨水饮用。

山上的野果

五、泥石流过后的自救与防疫工作

当遭到泥石流袭击后，应该在第一时间内组织人员对伤员进行抢救，同时进行水、电、交通线路的抢修，以确保救灾工作的全面顺利展开与进行。河（沟）经泥石流的袭击之后，遭到的破坏是毁灭性的，不仅原河（沟）床会被冲淤得难以辨认，穿越或沿河（沟）谷的道路也会被泥石流体掩埋破坏得面目全非，沿途皆是漂砾、泥沙，极易给行人带来伤害乃至生命危险，因此进行救灾抢险时应注意避免各种意外发生。

泥石流发生时，常会摧毁并淹没沿途的房屋、牲畜并留下大量的杂物、污物，所以泥石流结束之后，应对必要的地段进行清理消毒或隔离，防止流行病的发生和传播，做好卫生防疫工作。

第五章　认识地震

地震是地壳的天然运动。它同暴雨、雷电、台风、洪水等一样，是一种自然现象。

全世界每年发生地震约500万次，其中，能被人们清楚感觉到的就有5万多次，能产生破坏的5级以上地震约1000次，而7级以上有可能造成巨大灾害的地震有10多次。

暴雨现象

雷电现象

一、地震概述

1.地震的相关概念

地震是一种快速而又剧烈的地壳运动。了解地震之前，我们首先要了解有关地震的几个概念。

（1）震源。

震源是指地震波发源的地方。

（2）震中。

震中是指震源在地面上的垂直投影。

（3）震中区（极震区）。

震中区是指震中及其附近的地方。

地震现象

（4）震中距。

震中距是指震中到地面上任意一点的距离。

（5）地方震。

地方震是指震中距小于或等于100千米的地震。

（6）近震。

近震是指震中距在100～1000千米的地震。

（7）远震。

远震是指震中距在1000千米以上的地震。

（8）地震波。

地震波是指在发生地震时，地球内部出现的弹性波。地震波分为体波和面波两大类。体波在地球内部传播，面波则沿地面或界面传播。按介质质点的振动方向与波的传播方向的关系划分，体波又分为横波和纵波。

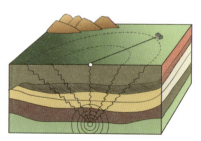

地震波的分类

我们把振动方向与传播方向一致的波称为纵波（也称P波）。纵波的传播速度非常快，每秒钟可以传播5～6千

米，会引起地面的上下跳动。振动方向与传播方向垂直的波称为横波（也称S波）。横波传播速度比较慢，每秒钟传播3～4千米，会引起地面水平晃动。因此地震时，地面总是先上下跳动，后水平晃动。由于纵波衰减快，所以，离震中较远的地方，一般只能感到地面的水平晃动。在地震发生的时候，造成建筑物严重破坏的主要因素是横波。因为，纵波在地球内部的传播速度大于横波，所以，地震时纵波总是先到达地表，一段时间之后横波才能到达，两者之间有一个时间间隔，不过相隔时间比较短。我们可以根据间隔长短判断震中的远近，用每秒8千米乘以间隔时间就能估算出震中距离。这一点对我们非常重要，地震来临时纵波会先给我们一个警告，警示我们破坏力巨大的横波马上要到了，应该立刻防范。

2.地震的形成原因

　　鸡蛋分为蛋黄、蛋清和蛋壳三部分。地球的结构就像鸡蛋一样，也分为三层，中心层是"蛋黄"——地核；中间层是"蛋清"——地幔；外层是"蛋壳"——地壳。地震一般发生在地壳层。地球每时每刻都在进行自转和公转，地壳内部也在不停地发生变化，由此而产生力的作用，使地壳岩层变形、断裂、错动，于是便发生了地震。

　　1963年，发生在印度尼西亚伊里安查亚省北部海域的5.8级地震是震源深度最深的地震之一，其震源深度达到786千米。同样大小的地震，如果震源深度不同，对地面造成的破坏程度也不同。震源越浅，破坏越大；震源越深，破坏越小，且波及范围也越小。2008年5月12日，我国四川汶川地震就是典型的浅源性地震，其震源深度仅为20千米。在纵波和横波的共同作用下，造成了严重的破坏，一瞬间房屋倒塌、山体滑坡，伤亡无数。

　　2010年4月14日，我国青海省玉树县发生特大浅表地震，震级

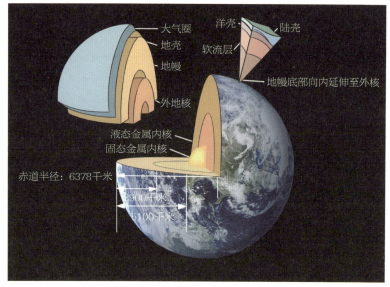

地球的结构

7.1级，震中位于县城附近，震源深度为6千米。截至2010年4月25日，此次地震造成2220人死亡，受灾面积达$3.6×10^{10}$米^2。

2011年3月11日，日本东北部海域发生里氏9.0级地震。地震震中位于宫城县以东太平洋海域，震源深度20千米。地震造成日本福岛第一核电站发生核泄漏事故，造成14 063人死亡。

2011年2月22日，新西兰第二大城市克莱斯特彻奇发生里氏6.3级强烈地震，震源深度距离地表仅有4千米。截至2011年2月26日，此次地震死亡人数达145人，造成25名中国公民失踪。

3.地震的发生原因

我们生活在美丽的地球上，地球上的山山水水见证了人类文明发展的足迹，镌刻着大地沧海桑田变迁的符号。从古至今，人们无不赞美我国东岳泰山的雄浑伟岸。其实，泰山并不稳定，100多万年以来，它的海拔已升高了500多米。此外，"世界屋脊"喜马拉雅山至今还在不断升高，山上的海洋生物化石、地下深处由植物生成的煤海、盘山公路边陡峻山崖上显示的地层弯曲与变形等无不向我们展示着大地变迁的历史。

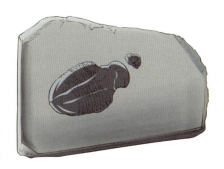

海洋生物化石

山为什么会升高？大地为什么会变迁？研究证明，这一切都是地壳运动的结果。地壳分分秒秒都在运动，只是由于这种运动大多十分缓慢，因此并不易被人们察觉。然而，地壳的运动与变化有时也会出现突然的、快速的运动，这种运动引起地球表层的振动，就是地震。人为的原因也能引起地表振动，如开山放炮、地下核爆破等，但这些毕竟是少数且微小的振动，对人类造成的危害也比较小，我们更关心的是会对人类造成危害的天然地震。天然地震是由自然界的原因引发的地震。

对人类威胁最大的地震要属天然地震中的构造地震。首先我们来看看构造地震是怎样发生的。

地下的岩层受力时会发生变形。刚开始这个变形很缓慢，但当受力较大，岩层不能承受时，就会发生突然、快速地破裂，岩层破裂产生的振动传到地表，引起地表的振动，就会发生地震。地球上每年发生的500多万次地震，大多不被察觉的原因就是震级太小或者离我们太远。也就是说，真正能对人类造成严重破坏的地震，全世界每年只有10～20次；能造成像我国的唐山、汶川那样特别严重灾害的地震每年只有1～2次。由此可见，地震是地球上经常发生的一种自然现象。

地上的煤堆

　　下面我们来看看板块构造与地震之间的联系。

　　地球的最外层是由地壳和地幔最外面的部分共同构成厚100多千米的岩石圈，它像一个裂了缝的鸡蛋壳，包括很多块，叫作岩石圈板块。地球上最大的板块分别是太平洋板块、美洲板块、非洲板块、欧亚板块、印度洋板块和南极洲板块等6大板块。另外还有一些较小的板块，如菲律宾板块等。世界地震分布与全球板块分布非常吻合，全球有85％的地震都分布在板块的边界上，仅有15％的地震与板块边界的关系不那么明显。这说明板块运动过程中的相互作用是引起地震的一个非常重要的原因。发生在板块边界上的地震叫板缘地震，环太平洋地震带上的绝大多数地震均属此类；发生在板块内部的地震叫板内地震，欧亚大陆内部的地震多属于板内地震。板内地震发生的原因比板缘地震更复杂，它既与板块之间的运动有关，又与局部的地质条件有关。

4.地震的深浅

地震按照震源深度的不同，可以划分为三种：浅源地震、中源地震和深源地震。

浅源地震（正常深度地震）是指震源深度小于60千米的地震。世界上大多数地震都是浅源地震，我国绝大多数地震也属于浅源地震。

中源地震是指震源深度为60～300千米的地震。

深源地震是指震源深度大于300千米的地震。目前世界上记录到的最深地震震源深度为786千米。同样大小的地震，震源越浅，所造成的破坏越严重。

5.地震的序列

一次中强度以上地震发生前后，在震中区和它附近会有一系列地震相继发生，这些成因上有联系的地震就被称为一个地震序列。一个地震序列包括前震、主震和余震三部分。

前震是指主震发生前来临的比较小的地震，很多大地震发生前都没有前震。

主震是指地震序列中最突出、最大的那个地震。

余震是指主震之后所发生的众多小地震。

一次地震序列所持续的时间不等，有的几天，有的几年甚至几十年。一般来说，主震越大，余震的震级越大，余震持续的时间越长。1976年，河北唐山地震的余震持续了10多年之久；2008年，四川汶川地震的余震活动持续至今。值得指出的是，主震中那些没有被震倒、震垮但已被震得松散了的房子，在强余震中往往会发生倒塌。也就是说，大地震的强余震也会造成伤亡破坏，因此，要加强对大地震强余震的监测预报，防范强余震造成伤亡事件。

根据地震序列的能量分布、主震能量占全序列能量的比例、主

震震级和最大余震的震级差等，可将地震序列划分为主震—余震型地震、震群型地震和孤立型地震三种类型。

主震—余震型地震的主震非常突出，余震非常丰富。主震所释放的能量占全序列的90％以上，主震震级和最大余震相差0.7～2.4级。

震群型地震有两个以上大小相近的主震，余震非常丰富。主要能量通过多次震级相近的地震释放，主震所释放的能量占全序列的90％以下，主震震级和最大余震相差不到0.7级。

孤立型地震有突出的主震，余震次数很少，强度比较低。主震所释放的能量占全序列的99.9％以上，主震震级和最大余震相差2.4级以上。

根据有没有前震，又可以把地震序列分为主震—余震型地震、前震—主震—余震型地震和震群型地震3种类型。

主震—余震型地震，没有前震活动，主震和最大余震震级差大约在1级以上。

前震—主震—余震型地震，有前震活动，其他特点与主震—余震型地震基本相同。

震群型地震，序列中没有震级突出的单个地震。

6.地震迁移

地震迁移是指强震按一定的空间、时间规律相继发生的现象，它是在统一的区域应力场中，各应力集中点变迁的结果。地震迁移的时空尺度可大可小、可长可短。地震可以沿着一条断裂带用10多年的时间完成一个迁移过程（如祁连山地震带由东南向西北迁移过程中发生了1920年海原8.5级地震、1927年古浪8级地震和1932年昌马7.5级地震）；也可在一个地震区内，以地震带为迁移单元，用几百年的时间完成一个迁移过程（如华北地震区1484～1732年强震主

祁连山的秀丽景观

要发生在山西带上，而1815～1976年强震由西向东迁移至华北平原地震带上）。此外，还有许多地震沿纬度做更长距离的迁移。

地震活动有规律的迁移是少量地震活动的一个特征，还有相当大一部分地震活动显示出无规则的迁移过程。

7.地震的成因类型

地震按成因分类，一般可以分为天然地震、人工地震和诱发地震三大类。自然界发生的地震叫作天然地震，如构造地震、火山地震、塌陷地震等；由人类活动如开山、开矿、爆破等引起的地表晃动叫人工地震；诱发地震是指由矿山冒顶、水库蓄水等人为因素引起的地震。

下面，我们来讲讲天然地震和诱发地震。

（1）天然地震。

构造地震：由于地壳运动引起地壳构造的突然变化，地壳岩层错动破裂而发生的地壳震动，就是人们通常所说的地震。地球不停地运动、不停地变化，内部产生巨大的力，这种作用于地壳上的力称为地应力。在地应力长期而缓慢的作用下，地壳的岩层会发生弯曲变形，地应力超过岩石本身能承受的强度时便会使岩层错动断裂，其巨大的能量突然释放，以波的形式传到地面，从而引起地震。世界上90％以上的地震属于构造地震。强烈的构造地震破坏力非常大，是人类预防地震灾害的主要对象。

火山地震：是指由于火山活动时岩浆喷发冲击或热力作用而引起的地震。火山地震一般较小，造成的破坏也极小，而且发生的次数也不多，只占地震总数的7％左右。目前，世界上大约有500座活火山，每年平均约有50座火山喷发。我国的火山多数分布在东北的黑龙江省、吉林省和西南的云南等省。黑龙江省的五大连池、吉林省的长白山、云南省的腾冲及海南省等地的火山在近代都喷发过。

天然地震现象

火山地震现象

　　火山和地震都是地壳运动的产物，它们之间有一定的联系。火山爆发有时会激发地震的发生，地震如果发生在火山地区，也常常会引起火山爆发。例如，1960年5月22日，智利发生8.9级大地震，48小时后，沉睡了55年之久的普惠山火山复活喷发，火山云直冲6000米高空，场面非常壮观。菲律宾坐落于环太平洋火山地震带上，因地壳板块相互碰撞，地震频发，火山活动也十分活跃。1988年，我国在黑龙江省五大连池市建立了第一个地震火山监测站，进行火山及地震的观测研究。

　　陷落地震：一般是因为地下水溶解了可溶性岩石，使岩石中出现空洞，空洞随着时间的推移不断扩大；或者由于地下开采矿石形成了巨大的空洞，最终造成了岩石顶部和土层崩塌陷落，从而引起地面震动。陷落地震震级都比较小，数量约占地震总数的3％。最大的矿区陷落地震也只有5级左右，我国曾经发生过4级的陷落地震。虽然震级较小，但也会对矿井上部和下部造成比较严重

陷落地震现象

的破坏，并威胁到矿工的生命安全，所以，对陷落地震也应加强防范。

（2）诱发地震。

诱发地震是指在特定的地区由于某种地壳外界因素（人为因素）诱发而引起的地震。例如，矿山冒顶、油井灌水、水库蓄水等都可以诱发地震，其中最常见的诱发地震是水库地震。

福建省水口水库在1993年3月底开始蓄水，在不到两年的时间里，共计诱发0.3级以上地震近千次，其中最大的震级为3.9级。由于诱发地震的震源比较浅，2级以上地震就会使当地居民感觉到地

诱发地震现象

面晃动。

1959年建成的广东河源新丰江水库，1962年就诱发了最大震级为6.1级的地震。

2003年12月19日20时31分，三峡水库诱发了蓄水成库以来的最大地震，大坝以西直线距离80千米处巴东小溪河西岸马鬃山村，发生了强度为2.5级左右的地震。3天后，距大坝以西直线距离300多千米的长江北岸开县天然气发生井喷，导致244人死亡。究其原因，主要是水库蓄水以后改变了地面的应力状态，库水渗透到已有的断层里起到了润滑和腐蚀的作用，促使断层产生新的滑动。当然，并不是所有的水库蓄水后都会诱发水库地震。水库地震的发生需要一定的条件，只有当库区存在活动断裂、岩性刚硬等条件时，才有诱发地震的可能性。

三峡水库俯瞰图

8.地震的震级和烈度

（1）地震震级。

地震有强有弱，用什么来衡量地震的大小呢？科学家衡量地震有一把自己的"尺子"。衡量地震大小的"尺子"叫作震级。震级与震源释放出来的弹性波能量有关，它可以通过地震仪器的记录计算出来，地震越强，震级越大。

我们根据地震仪测定的每次地震活动释放的能量多少来确定震级。我国目前使用的是国际通用的里氏分级表作为震级标准，里氏分级表共分9个等级。在实际测量过程中，震级是根据地震仪对地震波所做的记录计算出来的。

震级通常用字母M表示，是表征地震强弱的量度。你能想象一个6级地震释放的能量有多大吗？它相当于美国投掷在日本广岛的原子弹所具有的能量，是不是很可怕？震级每相差1级，能量就会相差大约32倍；每相差2级，能量就会相差约1000倍。换句话说，一个6级地震就相当于32个5级地震，而一个7级地震就相当于1000个5级地震。目前，世界上最大地震的震级为8.9级，你可以想象它释放的能量有多大！

按震级大小可以把地震划分为以下几类。

震级小于3级称为弱震。如果震源不是很浅，弱震一般不易被觉察。

原子弹爆炸形成的蘑菇云

震级等于或大于3级、小于4.5级称为有感震。有感震人们能够察觉，但一般不会造成破坏。

震级大于或等于4.5级、小于6级称为中强震。中强震会造成破坏，其破坏程度与震源深度、震中距等多种因素有关。

震级等于或大于6级（小于7级）称为强震。

震级等于或大于7级，小于8级称为大地震。

震级等于或大于8级称为巨大地震。

震级越小的地震，发生的次数越多；震级越大的地震，发生的次数越少。地震是恐怖的，一说到地震人们就会毛骨悚然。其实地球上的有感震很少，仅占地震总数的1%，中强震、强震就更少了，所以，也没必要杞人忧天。

（2）地震烈度。

同一次地震，在不同地方造成的破坏也会不同；震级相同的地震造成的破坏也不一定相同。用什么来衡量地震的破坏程度呢？科学家又"制作"了另一把"尺子"——地震烈度，来衡量地震的破坏程度。

地震在地面造成的实际影响称为烈度，它表示地面运动的强度，也就是我们平常所说的破坏程度。震级、距震源的远近、地面状况和地层构造等都是影响地震烈度的因素。同一震级的地震在不同的地方会表现出不同的烈度。烈度是根据人们的感觉和地震时地表产生的变动以及对建筑物的影响来确定的。仅就烈度和震源、震级之间的关系而言，震级越大，震源越浅，烈度也就越大。

一般情况下，一次地震发生后，震中区的破坏程度最严重，烈度也最高，这个烈度叫作震中烈度。从震中向四周扩展时，地震烈度会逐渐减小。例如，1976年河北唐山发生的7.8级大地震，震中烈度为Ⅺ度。天津市受唐山地震的影响，地震烈度为Ⅷ度，北京市烈度就只有Ⅵ度，再远到石家庄、太原等就只有Ⅳ～Ⅴ度了。

　　一次地震与一颗炸弹爆炸后一样，"爆炸点"近处与远处的破坏程度是不同的，炸弹的炸药量好比是震级，炸弹对不同地点的破坏程度好比是烈度。一次地震可以划分出好几个烈度不同的地区。

　　我国把地震烈度划分为12度，不同烈度的地震其影响力和破坏力也不一样。下面我们来看看不同地震烈度的大致表现。

　　烈度小于Ⅲ度，人们感觉不到，只有仪器才能记录到。

　　烈度为Ⅲ度，在白天的喧闹时刻感觉不到，如果是夜深人静时，就能感觉到。

　　烈度为Ⅳ～Ⅴ度，吊灯会摇晃，睡觉的人会惊醒。

　　烈度为Ⅵ度，器皿会倾倒，房屋会受到轻微损坏。

　　烈度为Ⅶ～Ⅷ度，地面出现裂缝，房屋会受到破坏。

　　烈度为Ⅸ～Ⅹ度，房屋倒塌，地面会受到严重破坏。

　　烈度为Ⅺ～Ⅻ度，属于毁灭性的破坏。

　　2008年5月12日，中国四川汶川发生里氏7.8级大地震，这个数据是中国地震台网中心利用国家地震台网的实时观测数据测定后速报的。随后，地震专家又根据国际惯例，利用包括全球地震网在内的台站资料，对地震的参数进行了更为详细的测定后进行修订，修定后为里氏8.0级。汶川地震是中国自1949年以来波及范围最广、破坏性最强的一次地震，最大烈度达到Ⅺ度，重灾区的范围已经超过 1×10^{11} 米^2。不难看出，这次地震的强度和烈度都超过了1976年河北唐山发生的7.8级大地震。

二、影响地震灾害的因素

　　不同地区发生震级相同的地震，所造成的破坏程度和灾害却是不一样的，这主要受以下因素的影响。

1.人口密度和经济发展程度

地震如果发生在无人的高山、海底或者沙漠，即使震级再大，也不会造成人员伤亡和财物损失。1997年11月8日，发生在西藏北部的7.5级地震就是这样的。相反，地震如果发生在经济发达、人口稠密、社会财富集中的地区，特别是在大城市，造成的灾害将是巨大的。

2.建筑物的质量

地震时房屋等建筑物的严重破坏和倒塌是造成人员伤亡和财产损失的直接原因之一。房屋等建筑物的抗震性能强弱、质量好坏，将直接影响到受灾的程度，因此，必须做好建筑物的抗震设防。

3.地震震级和震源深度

震级越大，地震释放的能量也就越大，造成的灾害自然也会越大。如果震级相同，震源深度越浅，震中烈度越高，破坏性就越强。一些震源深度特别浅的地震，即使震级不大，也可能造成"出乎意料"的破坏。

4.场地条件

场地条件主要包括地形、土质、地下水位和是否有断裂带通过等。一般来说，覆盖土层厚、土质松软、地形起伏大、地下水位高，有断裂带通过的地带，都可能使地震灾害加重。所以，在进行工程建设时，要尽量避开不利地段，选择有利地段。

5.地震发生的时间

一般来说，破坏性地震发生在夜间比发生在白天所造成的人员伤亡要大。唐山地震伤亡惨重的原因之一就是因为地震发生在深夜

场地条件的特征

3点42分，绝大多数人还在室内熟睡。有不少人认为，大地震通常都发生在夜间，其实这是一种错觉。据统计资料显示，破坏性地震发生在白天和晚上的可能性差不多大，如2008年5月12日中国四川汶川的大地震就发生在白天。

　　在破坏性地震发生之前，如果防御工作做得好，也会大大减少人员伤亡，降低经济损失。

第六章　地震前兆

在一次地震或地震震感特别强烈之前会出现很多异常现象，我们把这些与地震发生有密切联系的异常现象称为地震前兆。我国古代先民在长期实践中早就认识到地震是有前兆的，并留下了丰富的关于地震前兆的记载。

按照地震前兆的性质划分，可分为微观前兆和宏观前兆两种。

一、地震的微观前兆

地震的微观前兆是指人类的感官无法察觉，只有用专门的仪器才能测量出来的地震前兆。地震的微观前兆主要包括以下几类。

1.地形异常

在大地震发生之前，震中附近的地壳可能会发生微小的变形，某些断层两侧的岩层可能出现十分微小的位移，当然，这种十分微弱的变化用肉眼无法看到，只能借助于精密的仪器才能测出。分析这些资料可以帮助人们预测地震。

2.地震活动异常

大地震很少，中小地震却很多，大小地震之间存在一定的关系。研究中小地震的活动特点可以帮助人们预测地震。

3.地下流体的变化

地下水（泉水、井水、地下层中所含的水）、天然气和石油、地下岩层中产生和储存的其他气体，这些都属于地下流体。用仪器测量地下流体的化学成分和某些物理量，然后研究它们的变化，可以帮助人们预测地震。

4.地球物理变化

在地震的孕育过程中，地震震源区及其周围岩石的物理性质可能会出现微弱的变化，人们利用精密仪器测定不同地区重力、地电和地磁的变化，可以预测地震。

地下流体的变化

二、地震的宏观前兆

地震的宏观前兆也称为地震宏观异常，通常是指人们能直接观察到的一些自然界的反常现象。比如花草树木不合时节地开花结果，动物行为和习性异常，井水、泉水、河水等出现异常涨落变化，气候变化反复无常，地下传来隆隆巨响声等。引起地震宏观异常的因素有很多，地震的孕育和发生就是一个非常重要的因素。下面我们来看看常见的地震宏观前兆。

1.动物异常

在自然界中，各种各样的动物都以各自的生存方式和特性生活在这个世界上。当地震这种自然灾害向人类发起进攻的时候，很多动物就成为人类的"盟友"，告诉人们地震就要来了，赶快躲到安全的地方。据统计，在地震来临前有异常反应的动物种类大约有130种，反应比较准确的有20多种，这些动物包括各种鱼类、鸟类、爬行类和哺乳类动物。地震来临前不同种类的动物所表现的异常如下。

无脊椎动物：如螃蟹等，水生无脊椎动物在地震来临前有上浮、靠岸和活动加剧等异常反应。如蚂蚁等，穴居无脊椎动物在地震来临前有出洞、群集、搬家等异常反应。如蜜蜂等，能飞翔的无脊椎动物在地震来临前有成群迁飞和大量出现等异常反应。

鱼类：鱼类在地震来临前有发出尖叫、翻腾跳跃或昏迷不动甚至死亡等异常反应。

两栖类：如蟾蜍和青蛙，如果是冬眠季节，在地震来临前它们有提早出洞的现象；如果是活动季节，在地震来临前有成群迁移或鸣叫、上树爬高、雨后不鸣等异常。

爬行类：如蛇，地震来临前如果是冬季它们可能出洞、乱爬乱窜；如果是活动季节，常会出现集群一处盘曲不动的异常反应。

鸟类：如鸽、鹅、燕、鸡、鹰、麻雀、海鸥等，在地震来临前有惊恐不安、乱叫、惊飞、攀高、不进窝或群集惊飞等异常反应。

哺乳类：大牲畜，如马、牛、骡、驴等，震前有不喜进食、焦躁不安、嘶叫、乱跑、伏地不动、不愿进厩等异常反应。

狗在地震来临前会白天黑夜无目标地连续狂吠，或搬家或发疯似地乱跑，甚至咬主人。

马的异常鸣叫

狗无目标连续狂叫

羊、猪在震前不进圈、不吃食、烦惊不安。

猫在震前惊惶不安，发痴或惨叫，紧跟主人，见鼠都不捉。

老鼠在地震来临前如醉如痴、不怕人甚至不怕猫，成群结队出洞乱跑。

人们在同地震灾害作斗争的长期实践中，总结出了利用动物异常预报地震的谚语：

群测群防搞预报，动物异常很重要。

牛马驴骡不进厩，猪不吃食拱又闹。

羊儿不安惨声叫，兔子竖耳蹦又跳。

狗上房屋狂吠嚎，家猫惊闹往外逃。

鸡不进窝树上栖，鸽子惊飞不回巢。

老鼠成群忙搬家，黄鼠狼子结队跑。

冰天雪地蛇出洞，冬眠动物复苏早。

蜻蜓大群定向飞，蜜蜂群迁跑光了。

青蛙蟾蜍闷无声，鱼翻白肚水上跃。

野鸡乱飞怪声啼，蝉儿下树不鸣叫。

园中虎豹不吃食，熊猫麋鹿惊惶嚎。

大鲵上岸哇哇哭，金鱼出缸笼鸟吵。

人人观察找前兆，综合分析排干扰。

方法简单效果好，家家户户能做到。

2.植物异常

植物在地震来临前也有很多不可思议的异常现象，如桃树、李树不合时令地开花、结果，竹子开花，果树带果开花或树木枯梢等。

植物不合时令开花结果

3.气候异常

地震发生前一到几年内常常会发生洪涝、大旱等灾害，要多加留心。临震前还会有气象异常和突变现象，如临震前天气突变、地气雾、热异常等。

4.地下水异常

埋藏在地壳上部岩层即岩石圈中的水称为地下水。如我们日常见的井水、泉水。

地震来临前，地下水的变化是多种多样的，一般说来，水位升降变化比较普遍。此外，物理性质和化学组成改变的现象很多，如井水、河水、泉水、湖水等陡涨、陡落，泉水、井水等发浑、升温、变味、变色，井水冒泡、翻花等。

5.地声异常

在地震来临前几分钟、几个小时或者几天，往往会有声响从地下深处传来，人们把这种声响叫"地声"。大地震来临前地声通常有以下几种：轰隆隆的雷声；炮声；机器轰隆声；撕布声；狂风呼

地声异常

啸声；沟内空响或"殷殷"之声。

80％的地声出现在震前10分钟左右，像石头在相互摩擦。如果地声不断，并且突然出现变声，这说明几分钟之内会发生一场大地震。临震前十几秒声响会更大。

地声是由于地震来临前地下岩石产生的大量裂缝和错位而发出的高频地震波。仔细辨别就会发现地声和城市里的噪声完全不同。听到这种声音就说明地震马上就要来临，应该立即采取防御措施，从而减少经济损失和人员伤亡。

6.频繁的小震活动

频繁的小震过后，可能会出现一次大震。但并不是所有的大震前都有小震，或者是有些小震太微弱，人们没有感觉到。

宏观前兆对地震预报意义重大。1975年辽宁海城7.3级大地震和1976年松潘—平武7.2级大地震来临前，由于人们观察到大量的宏观异常现象，为两次大地震的成功预报提供了十分重要的资料。

值得注意的是，上面提到的各种宏观现象也可能是其他原因造成的，并不一定都是地震预兆。例如，井水的变味、变色可能是由于污染引起的；泉水和井水的小幅涨落可能是由于降雨造成的，也可能是受施工和附近抽水、排水的影响；动物的异常表现可能与天气变化、发情、疾病、外界刺激等有关。

还有一点需要注意，不要把打雷的声音误以为是地声。如果发现了异常的自然现象，不要惊慌失措，更不能轻易做出马上就会发生地震的判断，应该弄清楚异常现象发生的地点、时间和有关情况后，向政府部门或者地震部门报告，让专业人员调查核实，弄清事实的真相。

三、临震时的常见预兆

1.预兆一

临震时的常见预兆之一：地光。

由于地震活动而产生的发光现象称为地光。地光有以下几种形状。

条状闪光：类似电线走火或者雷电的闪光。

带状光：有闪状的，也有稳定的。

球状光：火球状、光团。

片状闪光：成片的闪光。

柱状光：自下而上呈烟火状、火把状的地光。

火状光：像冲天大火一样的地光。

地光的颜色有很多种，但主要以蓝、红、白、黄为主。

在大地震中，人们在夜晚会看到地光，开始是红光闪烁，其形状有球状、柱形、片状或是一条光带，将万物照得如同白昼一样。当红光逐渐变成蓝白光，几分钟后大地震就来临了。

有时候地光出现时还伴有低沉的"轰轰"声或"呜呜"声。

产生这种现象是由于地震即将来临时，地下深处岩石受力变形产生了很多小裂缝，岩石中的可燃物质氖、氩、氦、氙等气体从地下溢出，造成电磁异常，从而形成地光。

2.预兆二

临震时的常见预兆之二：地声。

地声多数在临震前几分钟内出现。一般情况下，声音越大，地震越大；声音越小，地震也就越小。当听到地声时，地震可能马上就要来临，所以，可以把地声看作是地震来临前大自然的警报。

临震时的地光

 ### 3.预兆三

临震时的常见预兆之三：植物不合时令地开花。

很多植物提前或者在冬天就发芽开花，有的植物会大面积枯萎死亡或者异常繁茂等。

经科学家研究发现，地震来临前，含羞草会有反常现象，白天它的叶子是紧闭着的，夜晚的时候，叶子半张半开。当地震发生的时候，含羞草叶子全部张开。日本科学家经过18年的研究确认，含羞草叶子出现异常的张开、关闭状态是地震的前兆。不过，并不是含羞草叶子出现异常状态之后，都会发生地震。因为出现异常的原因很复杂，所以不能轻易下结论，还要结合其他地震前兆进一步研究确认。不过地震前有些植物会产生异常现象，这是毋庸置疑的。

如果发现了异常的自然现象，要向政府或者地震部门报告情况，让专业人员调查核实，弄清楚事情的真相。不要惊慌失措，更不要轻易做出发生地震的结论，避免造成不必要的恐慌。

4.预兆四

临震时的常见预兆之四：收音机失灵、日光灯自明。

地震来临前会出现地磁异常。最常见的地磁异常会造成收音机失灵，除此之外，还有很多机电设备不能正常工作，如无线电站受干扰、电子闹钟失灵、微波站异常等。

在1976年河北唐山大地震的前几天，唐山及其周围地区很多收音机失灵，调频不准，信号时有时无，声音忽大忽小，有时

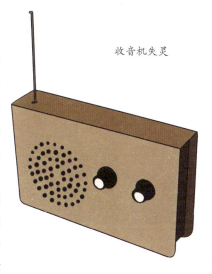

收音机失灵

还会出现连续噪声。有人还看到关闭的日光灯在夜间先发红后来居然亮起来了。据说，北京也出现了人在睡觉前关闭了日光灯，但日光灯仍然亮着的现象。

第七章 遭遇地震时的应急措施

一、地震中的自救

中国是世界上自然灾害最严重的国家之一。地震占全球地震总量的1/10以上，发生的强度和频度居世界之首。

在中国历史上，有记载的地震就有8000多次，其中6级以上的地震有1000多次。自20世纪初至今，中国因地震死亡人数占全世界的比例高达50％。

虽然地震属于天灾，是由于自然因素引起的突发事件，但也不是不可防御的。只要我们掌握一定急救知识，就可以在地震到来时自我保护、自我救助。与地震危害相比，无知才是最大的灾难。

1.震前12秒自救

在地震发生前的瞬间，地光、地声和地面的微动往往在强震前十几秒出现于地表，告诉人们大地震即将来临，这些临震异常现象为人们提供了最后一次自救机会。地壳内部喷溢出的气体，强化低空静电场形成地光。地光的形状有片状、带状、柱状、球状，颜色以白、蓝、黄、红居多。78％的地声出现在震前10分钟之内，在临震前10余秒响声最大。根据震区群众反映，临震前最先听到"呼呼"的风吼声，然后是"轰轰"声。接着就是"咚咚"的闷雷声，之后地面就开始振动。地面微动可能是由于临震前震源区断层预滑，造成应力波所致。

历次大震的幸存者中，有很多人就是观察到这些临震异常现象，判断有大震来临，从而迅速采取避险措施，才躲过灾难的。例如，海城地震来临前，31次快车在19点36分运行到震中区唐王山车站前，火车司机看到车头前方从地面至天空出现大面积蓝白色闪光。这位司机懂得地震常识，知道这是地光，判断地震即将来临。于是他沉着、果断地开始缓慢减速，在减速过程中，19点36分07秒地震发生了。由于司机提前减速，列车安全停了下来。

对唐山地震部分幸存者进行调查的结果表明，地震来临前有很多人觉察到了地光、地声和地面微动，但只有5%的人判断出地震即将来临，迅速逃离建筑物，保全了性命；而大多数人并没有判断出地震即将来临，行动迟缓，失掉了最后的逃生机会。

上述的事例告诉我们，一定要吸取教训，掌握地震常识，普及12秒自救机会的知识，发现异常现象，迅速采取措施避险，最大限度地减少地震伤亡。

2.震时不要盲目逃生

很多震灾事实表明，地震发生时在房间内避险比盲目外逃更安全。一般情况下，破坏性地震发生的瞬间也就是从地震来临到房屋、建筑物倒塌这一过程只有十几秒钟的时间，在这生死的紧急关头，一定要保持清醒的头脑，沉着冷静，

房间内避险比盲目外逃更安全

千万不要慌乱，更不能没有目标地到处乱跑。下面是一些震灾中的事例：

（1）盲目逃跑失生命。

1979年，我国江苏栗阳发生6级地震，其中80％的重伤员和90％的死亡者都是由于恐惧、慌乱、盲目逃跑而被屋外倒塌的檐墙和门头砸压所致。1996年2月3日晚，云南丽江发生7.0级地震，当时地区礼堂正在放电影，剧院经理带着7岁的女儿和他的一个同事在票房售票。当大地开始晃动时，他们反应非常快，经理拉着女儿和同事立即冲出礼堂。然而就在这时候，礼堂门厅上方和房顶的女儿墙被震落下来，他们三人当场被砸死，而礼堂内数百名观众却有惊无险，安然无恙。

2005年11月26日，江西九江、瑞昌发生5.7级地震，死亡13人，除2人是突发疾病死亡外，剩下的11人都是被墙或门头砸压所致。如果他们不恐惧、不慌乱、不盲目逃生，而是有意识地在屋内选择正确的位置躲避，这些伤亡都是可以避免的。

（2）乱拥乱挤造成伤害。

1994年9月6日，我国台湾海峡发生7.3级大地震，大陆沿海地区遭受波及，有4人死亡，800多人受伤，直接经济损失2亿元。伤亡者大多数是中小学生。这些学生并不是因为房屋倒塌而造成的伤亡，几乎全是因为临震惊慌，老师没有避震知识或没有行使职责，致使学生无序蜂拥，乱跑乱挤，奔逃中互相挤压、踩踏而造成的悲剧。

2005年，江西发生5.7级地震，地震发生后，湖北武穴、阳新、蕲春三地学生在撤离时发生踩踏事件，共造成103人受伤，其中有7人受重伤。上午8时49分，第一次地震发生的时候，阳新县某中学学生正在上课。当校舍开始摇晃时，学生们纷纷涌向教室门口，冲往操场。几名学生在二楼和三楼之间的楼梯口跌倒，引发踩

乱拥乱挤造成伤害

踏事件，共有47名学生不同程度受伤。

2010年在"10·24"周口4.7级地震中，太康县逊母口第一初级中学学生在撤离时，因挤压踩踏造成12名学生受伤。

2012年3月16日，菲律宾中部地区发生里氏6.0级强烈地震，据报道，有一家商场发生了踩踏事件，至少20人受伤。

（3）大震中先躲后撤保安全。

2008年5月12日，四川汶川发生8级大地震，在灾情最严重的北川县，北川中学的两栋教学楼轰然倒塌，在漫天的尘土中，主教学楼晃动几下后突然矮下去好几米。

高三（1）班的班主任李军正在主教学楼四楼给高三（5）班上

先躲后撤离

先躲后撤离

课。楼房突然开始剧烈晃动，有两名临窗的男生准备上窗台跳楼，李军让大家都蹲下不要慌。几秒钟过后，教学楼不再摇晃，他瞬间有一种失重的感觉，原来是下面的一、二层楼塌陷了。他组织学生马上撤离，等教室里最后一名学生走完，他才离开教室。

在地震发生的时候，北川中学团委书记蹇绍奇和初一（6）班主任刘宁，正在县委礼堂带领100多名学生参加"五四"青年节庆祝会。突然礼堂发疯似的晃动，而且越晃越厉害。他俩几乎同时对同学们大喊："地震了，快钻到椅子底下！不要乱跑！"话音刚落，礼堂顶部的水泥块大片坠落，结实的铁椅子保护了这些身材弱小的学生。地震过后，他们迅速把学生带到礼堂外面的广场。

无数血的教训时刻提醒我们，当地震发生时，千万不要乱跑！

地震发生时，千万不要乱跑

3.地震时镇静自若地逃生

虽然目前人类还不能完全避免和控制地震，但是只要能掌握自救与互救技能，就能把地震灾害降到最低限度。就地震逃生自救而言，可以总结为以下几点：

（1）保持镇静。

在地震中，有人观察到，不少无辜者并不是因房屋倒塌而被挤压或砸伤致死，而是由于精神崩溃，失去生存的希望，乱叫、乱喊，在极度恐惧中自己"扼杀"了自己。乱喊、乱叫会增加氧的消耗，加速身体的新陈代谢，使耐受力降低，体力下降；同时，大叫大喊会吸入大量烟尘，易造成窒息，增加不必要的伤亡。正确态度是：无论环境多么恶劣，都要保持镇静，分析自己所处的环境，寻找出路，等待救援人员的到来。

（2）止血、固定。

挤压伤和砸伤是地震中常见的伤害。开放性创伤出血要首先止血，抬高受伤部位，同时不停地呼救。一般情况下，开放性骨折要用清洁纱布覆盖创面，做简单固定后再进行运转。不要做现场复位，以防组织再度受伤。要按不同要求对不同部位的骨折进行固定，还要参照不同伤情和伤势进行分级、分类，送医院进一步处理。

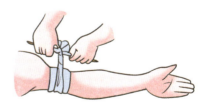

（3）妥善处理伤口。

处理挤压伤时，要设法尽快解除重压，对于大面积创伤者，要保持创面清洁并用干净纱布包扎创面。如果怀疑有破伤风感染，应立即与医院联系，及时诊断和治疗。对大面

止血固定的方法

积创伤和严重创伤者，为预防休克，需要口服糖盐水。

（4）防止火灾。

地震常常会引起多种次生灾害，火灾是常见的一种。在大火中应尽快脱离火灾现场，可以用湿衣服盖在身上冲出火海，或脱下燃烧的衣帽或卧地打滚，也可用水直接浇泼灭火。但千万不要用双手扑打火苗，否则可能烧伤双手。如果被烧伤，要立即用清洁布料或消毒纱布包扎后送医院进一步处理。

避灾自救口诀如下：

大震来时有预兆，地声地光地颤摇，

虽然短短几十秒，做出判断最重要。

高层楼房往下撤，电梯千万不可搭，

万一电路中断了，闷在梯内出不来。

平房避震有讲究，是跑是留两可求，

因地制宜做决断，错过时机诸事休。

次生灾害危害大，需要尽量预防它，

电源燃气是隐患，震时及时关上闸。

强震颠簸站立难，就近躲避最明见，

床下桌下小开间，伏而待定等救援。

震时火灾易发生，伏在地上要镇静，

沾湿毛巾口鼻捂，弯腰匍匐逆风行。

震时开车太可怕，感觉有震快停下，

赶紧就地来躲避，千万别在高桥下。

震后别急往家跑，余震发生不可少，

万一赶上强余震，加重伤害受不了。

4.震时逃生常犯的错误

震时逃生，必须采用正确、科学的方法，逃生过程中的一点小错误都有可能丢掉性命。下面列出了地震逃生过程中的9大危险举动，一定要牢记在心，一定要杜绝。

（1）地震来临时，如果你正在屋内，试图冲出房屋是非常危险的举动，伤亡的可能性非常大。最好的办法是躲在坚固的桌子或床下，如果屋内没有结实的家具，那就站在门口，因为门框会起到一定的保护作用。不要靠近窗户，因为窗玻璃可能会被震碎伤人。

（2）如果在室外，靠近电线杆、楼房、树木或其他任何可能倒塌的高大建筑物都是危险的举动。应跑到空地上，尽可能远离高大建筑物。最好趴在地上，防止失衡时遇到危险。

（3）躲在地下通道、隧道或地窖内是危险的。除非它们非常坚固，否则它们会被震塌，即使没有震塌，地震产生的瓦砾碎石也会填满这些地方或堵塞其出口。

（4）地震来临时，关闭门和窗都是非常危险的。木制结构的房子容易倾斜，导致房门打不开。所以，不管是冲出去还是待在室内，都要打开房门。

（5）大地震发生时，忘记保护身体逃生是危险的。书架上的书及隔板上的东西等可能往下掉，这时千万要记住保护头部。在十分紧急的情况下，可以利用身边的枕头、毛毯、棉坐垫等物盖住头部，以免被掉下的物体砸伤头部。

（6）如果夏天发生地震，裸体逃出房间十分危险，赤裸的身体容易被四处飞溅的玻璃、火星及金属碎片伤害。因此，避难时要穿棉质的鞋袜和尽可能厚的棉衣，不要穿戴易着火的化纤类衣物。

（7）地震来临时，在路上奔跑是很危险的。这时到处都是飞泻而下的门窗、招牌等物品，因此，此时最好找个相对安全的地方躲起来，如果有必要奔跑时，最好能戴上一顶安全帽之类的东西。

（8）地震时，躲避于桥下或停留于桥上均是非常危险的。大桥有时候会被震塌，使人坠落河中，因此，如在桥上遇到地震，就应

设法迅速离开。

（9）地震来临时，靠近海边是非常危险的。地震有时会引发海啸，海啸掀起的海浪会急剧升高，人在海岸边会很危险。这时候安全的做法是迅速离开沙滩，远离浪高的海面。

5.地震时的安全三角区

当地震来临时，提倡躲在桌下、桌旁或小开间房里，主要理由是可利用塌落物与支撑物形成的安全三角区提供庇护。以桌子为例，如果塌落物与桌子形成安全三角区，那么桌旁与桌下的空间都是安全三角区的一部分。但桌旁和桌下形成安全三角区是有条件

地震时安全三角区

的，即支撑物必须坚固，如果桌子被砸塌，那以桌子作为支撑物的安全三角区也就不存在了，同时桌下和桌旁的安全空间也就不存在了。如果真有大块物体砸垮桌子，不光躲在下面的人不能幸免，就连躲在旁边的人恐怕也要遇难。因此，躲在桌旁比躲在桌下更安全的说法不能成立。相反，躲在桌下比躲在桌旁更能防止较轻或小块坠落物的伤害。

另外，地震发生的概率很小，即使在地震多发区，人的一生遇到地震的次数也是很有限的。从直下型地震（震源位置所在地发生的地震）与受周边地震波及的可能性、大地震与小地震的数量比例关系等因素考虑，在有限次数的地震中，发生一般性破坏地震的概率远大于毁灭性地震的概率。因此，多数情况下，在防止小坠落物伤害方面，桌下比桌旁要安全得多。

一般性的工业和民用建筑做到"小震不坏，中震可修，大震不倒"是我国抗震设防的目标，随着国家减灾战略的实施和经济实力的提高，我国越来越接近这个目标。如果各地建筑物都能达到这个目标，万一发生毁灭性的地震，即使房屋破坏很严重，也不会倒塌，这样就会大大减轻房倒屋塌对人的生命造成的威胁。这时候，防止小块坠落物对人造成的伤害就成为关键。很显然，此时躲在桌下要比躲在桌旁安全很多。

因此，地震发生时，桌下和桌旁都可以躲，但多数情况下，桌下可能更安全些。

地震发生时还应当保持清醒的头脑，沉着冷静，以便迅速避险。从大地震的相关资料看，有些人之所以能够在被埋没的瓦砾中生存下来，主要是因为：首先，他们没有受到致命的伤害；其次，他们总是试着寻找通气口，然后找到出口，最终能迅速脱离倒塌的房屋废墟；此外，在没有听到寻呼声及挖掘声时，不做无谓的翻滚折腾或大呼大叫。

地震后余震还可能会不断发生，周围的环境有可能会进一步恶化，因此，要稳定下来，尽量改善自己所处的环境，设法脱险。设法避开身体上方不结实的悬挂物、倒塌物或其他危险物。搬开身边可移动的碎砖瓦砾等杂物，从而扩大活动空间。应该注意的是，如果搬不动，千万不要勉强。设法用木棍、砖石等支撑残垣断壁，以防余震时再次被埋压。不要随便动用室内设施，包括水源、电源等，也不要使用明火。感觉灰尘太大或闻到煤气味及有毒异味时，设法用湿衣物捂住口鼻。保持体力，不要乱叫，用敲击声求救。

6.地震逃生的十大法则

（1）躲在桌子或其他坚固家具的下面。

大地震时的晃动时间在1分钟左右。在这1分钟的时间内，首先要顾及的是人身安全。要选择在结实牢固且重心低的桌子下面躲避，要紧紧抓牢桌腿，防止在震动时滑到危险的地方。在没有桌子等可供藏身的物体时，不管怎样，也要用坐垫或者衣物保护好头部。

（2）地震来临时立即关火，失火时立即灭火。

大地震发生时，因为消防车不能马上赶到，因此，不能依赖消防车来灭火。要想将地震灾害控制在最低程度，只能依靠每个人关火、灭火的努力。

地震发生时有三次关火的机会。

第一次机会是在大的晃动来临之前、小晃动发生的时候，在感知小晃动的瞬间，立即高呼："快关火！地震了！"关闭正在使用的煤气炉、取暖炉等。

第二次机会是在地震大的晃动停息以后。在发生大的晃动时去关火，如果放在取暖炉、煤气炉上面的水壶等滑落下来，是很危险的。大的晃动停息后，再一次努力尝试去关火。

第三次机会是在着火以后。即使着火，在1～2秒内，火势还不是很大，还可以扑灭。为了能够迅速灭火，平时要将消防水桶、灭火器放置在离用火场所较近的地方。

（3）不要匆忙地向户外跑。

地震发生后，慌慌张张地向外跑，屋顶上的砖瓦、广告牌、碎玻璃等掉下来砸在身上是很危险的。此外，自动售货机、水泥预制板墙等也有倒塌的危险，不要靠近这些物体。

（4）地震来临时要将门打开，确保出口通畅。

由于地震的晃动，会造成水泥钢筋结构的房屋门窗错位，打不开门，曾发生过多起人被封闭在屋子里的事例。感觉到小晃动时，要立即打开门，确保出口通畅。平时要想好万一被关在屋子里如何逃脱的方法，准备好绳索、梯子等。

不要匆忙往户外面跑

89

（5）户外场合，要避开危险之地，保护好头部。

当大地剧烈摇晃、站立不稳的时候，人都会有扶靠、抓住什么的心理。身边的墙壁、门柱大多会成为扶靠的对象。但这些东西看上去结实牢固，实际上却是十分危险的。1987年日本宫城县海底发生地震时，水泥预制板墙、门柱的倒塌造成多人死伤。所以，一定不要靠近水泥预制板墙、门柱等躲避。在繁华街道、楼区，最危险的是广告牌、玻璃窗等物掉落下来砸伤人，要注意用手提包等物保护好头部。

地震时如在户外行走，应避开水塔、高大烟囱、楼房、立交桥等高大建筑物和结构复杂的构筑物，不要奔跑，以免摔倒或被裂缝所吞没。

地震发生时，如果你处在楼区，就要根据具体情况决定跑出去还是就近躲避。相对而言，进入抗震建筑物中躲避比较安全。

（6）公共场所避震。

如果在体育馆、影剧院等地遇到地震时，要沉着冷静，特别是当场内断电时，不要乱叫乱喊，更不要乱拥乱挤，避免被挤倒踩踏，应躲在排椅下或就地蹲下，注意避开电扇、吊灯等悬挂物，用皮包等柔软物保护好头部，等地震过后，听从工作人员指挥，有组织地撤离。

在书店、商场、汽车站、展览馆、火车站时，若靠近门口，应迅速撤离到室外安全的地方，若在室内，应避开玻璃橱窗、玻璃门窗、易碎品的货架、柜台等，选择结实的柜台、柱子或桌椅边以及内墙角等处就地蹲下，并用手或其他物品护住头部。在展览馆时，要避开吊灯、广告牌等高空的物件或悬挂物。

在行驶的公共汽车内遇到地震时，要抓牢扶手，以免碰伤或摔倒，躲在座位附近，地震后再下车。

发生地震时，千万不要使用电梯。如果地震发生时人已经在电梯里，要立刻将操作盘上各楼层的按钮全部按下，一旦电梯停下，要迅速离开电梯，确认安全后避难。万一被卡在电梯中，要通过电梯中的专用电话与外界联系，发出求助信息。

（7）地震来临时，汽车要靠路边停车，管制区域禁止行驶。

地震时，汽车难以驾驶，轮胎会像泄了气似的，司机无法把握方向盘。这时候要避开十字路口将车子靠路边停下。为了不妨碍紧急车辆的通行和避难疏散人群，要让出道路的中间部分。

地震时，要注意收听广播。城市中心地区的绝大部分道路将会禁止通行。

（8）避难时要徒步，应尽可能少携带物品。

因地震造成的火灾蔓延，出现危及人身安全、生命等情形时，需采取避难的措施。原则上以市民防灾组织、街道等为单位，在警察及负责人等带领下采取徒步避难的方式，携带的物品应控制在最小限度。绝对不能利用自行车、汽车避难。对于残疾人、伤病患者，当地居民要积极予以帮助。

（9）注意断崖落石、山崩或海啸。

山边和陡峭的倾斜地段有发生断崖落石、山崩的危险，应迅速到安全的场所避难。在海边有时会遭遇海啸，当听到海啸警报或感知地震时，要迅速到安全的场所避难。

（10）不要轻举妄动，不要听信地震谣言。

在大地震发生时，人们心理上容易产生动摇。为防止混乱，每个人依据正确的信息冷静地采取行动非常重要。

从手机、收音机中及时获取正确的信息。相信从政府、消防、警察等防灾机构直接得到的信息，决不轻信不负责任的流言蜚语，不轻举妄动。

在群众集聚的公共场所遇到地震时，不要慌乱，否则将造成秩序混乱、相互拥挤而增加不必要的人员伤亡。应该有组织、有秩序

注意断崖落石

地从多个路口快速撤离疏散。

7.地震发生时的紧急处理方法

从地震来临到房屋倒塌一般有12秒的逃生时间，通常称为安全12秒。在这12秒的时间内一定要保持镇定，避免惊慌，迅速做出正确躲藏的抉择。

强烈的地震发生时，人们往往会条件反射地采取本能行动，惊慌失措地到处乱跑。这种做法极其错误。这时候最重要的是保持镇定自若的态度和清醒的头脑。因为只有镇定，才能运用平时学到的地震知识，采取应急措施，保住性命。

下面我们来看看地震来临时，不同场合下的应急自救措施。

（1）楼房内。

如果地震来临的时候，人正在楼房里，要保持清醒的头脑迅速远离门窗及外墙。

可选择厕所、浴室、厨房、楼梯间等开间小且不易塌落的空间避震。采取就地避震的方法是因为事实证明，地震时一些严重伤亡者都是那些匆匆逃向室外的人。

不可蹦跳和站立，要尽量降低重心。

地震过后要快速撤离，撤离时一定要走楼梯，千万不要使用电梯，更不能从楼上跳下。

（2）平房内。

如果地震来临时，人正待在平房内，要充分利用时间迅速跑到室外。

如果实在来不及跑时，可躲在紧挨墙根的坚固家具旁或床下、桌子下。

闭口，趴在地上，保护要害，用鼻子呼吸，并用衣物或毛巾捂住口鼻，以隔挡呛人的灰尘。

正在用火时，应随手关掉电门开关或煤气开关，然后迅速躲避。

（3）户外。

如果地震来临时你正在户外，停留在户外就可以了。不过有一点要注意，一定要停留在开阔的地方，远离可能掉下东西的建筑物和高压电线。即使你的家人还在屋里，也不要冒险进去抢救。不用担心，因为他们在屋里也会做好应急保护的。如果家人不幸被压埋在废墟下，你在外面还可以及时营救他们脱险。国内外无数震例表明：在地震发生的短短几十秒里，人们匆忙离开或进入建筑物时，被砸伤砸死的概率最大。

（4）公共场所。

如果地震来临时，你正在人口密集的地方，首先要保持冷静的头脑，听从现场工作人员的指挥，不要拥挤。

在户外要远离高压电线

　　在大商场里，可以用皮包等物品保护好头部，快速向坚固的大商品或大柱子旁边靠拢，但一定要避开商品陈列橱柜，防止橱柜倾倒伤人。或者到没有放东西的通道，屈身蹲下，等待地震平息后迅速撤离商场。

　　在候机室、候车室、影剧院等，最好的办法是躲在椅子下。因为一般的椅子都是九合板及铸架、螺丝拧紧连接在一起的，一块九合板的抗压能力不是很强，但一排排的椅背联合起来，抗压力就变得非常强了。并且一般影剧院都采用大跨度的薄壳结构屋顶，重量比较轻，地震来临时不易坍塌，即使塌下来重量也不大。所以，躲在排椅下面安全一些。前排的观众可以躲到乐池内和舞台脚下，这两个地方相对而言也比较安全。如果距安全门很近，可以视情况夺门而出，冲到室外比较空旷的地方。

如果地震来临时你在地下商场里，要保持冷静，用皮包等柔软物品保护好头部，迅速靠近坚固的商品或粗大的柱子，然后再仔细地寻找出口。若是发生火灾，要想办法迅速向烟雾流动的方向移动，因为烟雾流动的方向就是出口的方向。如果发生停电，要快速寻找指示灯或紧急备用灯，以灯光来确定自己的位置和出口的方位。

（5）在交通工具上。

如果地震来临时人正在火车里：

司机要尽快减速，逐渐刹车，一定不能急刹停车，因为紧急刹车容易造成车体出轨翻车。

旅客要迅速离开车厢的接合部位，如果靠近窗口，要离开窗口。用手或衣物等保护好头部，防止行李从行李架上滑落伤人。如果车速不是很快，要用手紧紧地抓住座椅、茶桌或牢固的物体，保持身体平衡。

如果车速很快，要采取一定的防御措施，避免火车脱轨时受伤害。面向行车方向而坐的乘客，应该两手抱住头部，立即俯身面向通道。背向行车方向而坐的乘客，应该抬膝护腹，并用两手护住头部和颈部，紧缩身体做好防御姿势。

如果是在通道中，要迅速躺下来，双脚朝向行车方向，最好是将脚尖蹬住椅子或车内其他固定物体，双手护住后脑部，屈身用膝盖贴住腹部。如果车内人群混乱，就不可采取这种方法。在人群中，应该紧缩身体，用双手抱住后脑部做好防御姿势。

如果没弄清楚情况，千万不要贸然跑出车外，因为铁路架设有高压电线，要防止高压线触电事故的发生。因此，应听从有关人员

用手保护好头部

或司机指挥。地震发生时可能通道内会发生进水的情况。此时不要惊慌，沉着冷静地从列车中走出后，应该沿着墙壁朝出口处移动。

乘坐汽车发生地震时，司机应立即将汽车停靠在地基平坦、结实、周围没有坍塌物威胁的地方，熄火停车。尽快离开汽车，以免遭受火、爆炸等危害。

行驶在高速公路或桥梁上，应马上刹车，千万注意不要与别的汽车发生碰撞，将车靠边停下来，熄火停车。如果情况非常紧急，不得已要跳车，需抓住车以外的固定物，以免直接落到公路上或河流里。另外，尽量移到高速公路或桥梁的接合部位，因为这个部位相对安全一些。

8.不同场所的避震要点

（1）公共场所。

听从现场工作人员的指挥，要避开人流，不要拥向出口，不要慌乱，避免被挤到墙壁或栅栏处。

在体育馆、影剧院等处，就地蹲下或趴在排椅下；注意避开电扇、吊灯等悬挂物；用书包等保护头部；等地震过后，听从工作人员的指挥，有组织地撤离。

在书店、商场、地铁、展览馆等处，选择结实的柜台、商品（如低矮家具等）或柱子边以及内墙角等处就地蹲下，用手或其他东西保护头部；避开玻璃橱窗、玻璃门窗或柜台；避开高大不稳或易碎品、重物的货架；避开吊灯、广告牌等高空的悬挂物。

在行驶的电（汽）车内抓牢扶手，以免碰伤或摔倒；躲在座位附近，降低重心，地震过去后再下车。

（2）学校。

正在上课时，要听从老师的指挥，迅速躲在各自的课桌下。

在室外或操场时，可原地不动蹲下，双手保护头部。

注意避开危险物或高大建筑物。

震后应当有组织地进行撤离。必要时可以在室外上课，不要回到教室去。

在楼房里的学生遇震时千万不要乘坐电梯！如果地震发生时已经在电梯内，要就近停下迅速撤离；不要乱挤乱拥，不要站在窗外！不要到阳台上去！千万不要跳楼！应迅速躲进跨度小的空间。

（3）工厂。

地震时，如果距离车间门比较近，应迅速撤至车间外空旷地避震。如果距离车间门较远，应迅速躲在坚固的机器、墙角下或桌椅旁，同时关闭机器的电源开关。

对于生产强酸、强碱和易燃、易爆品以及有毒气体的工厂，在地震发生的瞬间应迅速关闭易燃、易爆有毒有害物品阀门和运转设备，防止爆炸、火灾、毒品外泄等次生灾害发生。

高温作业的工人，要避开铁水流淌的钢槽或炉门，防止地震时

被烧伤。

（4）家中。

大地震从开始到房屋倒塌过程结束，时长只有十几秒到几十秒，因此，一旦感觉到要地震，应抓紧时间紧急避险，切勿耽误时间。

地震发生时不要慌，需要牢记的是不可跑向阳台，不要滞留在床上，不要跑到楼道等人员拥挤的地方去，不可跳楼，如果门打不开，要抱头蹲下。不可使用电梯，若地震时已经在电梯里应尽快离开。

如果所在的建筑物的抗震能力较好，可以在室内避震，如果抗震能力较差，应尽可能从室内跑出去。

避震位置非常重要。可根据室内状况和建筑物布局，寻找安全空间躲避。地震后房屋倒塌有时会在室内形成三角空间，包括重心较低且结实牢固的家具下、炕沿下、厨房、墙角、厕所、内墙墙根、储藏室等开间小的地方，这些地方是人们可能幸存的相对安全的地点。

躲避时尽量靠近建筑物的外围，应尽量靠近水源，这样即使出不来也容易获得营救，但千万不可躲在窗户下面。

当躲在卫生间、厨房这样的小开间时，尽量离煤气管道、炉具及易破碎的碗碟远些。若卫生间、厨房处在建筑物的角落里，且隔断墙为薄板墙时，就不能选择它为最佳避震场所。

不要钻进箱子或柜子里，因为人一旦钻进去后便立刻丧失机动性，身体受限，视野受阻，不仅会错过逃生的机会，还不利于救援。

选择好躲避处后应坐下或蹲下，脸朝下，额头枕在两臂上，不可躺卧，因为躺卧很难机动变位，而且躺卧时人体的平面面积会增大，被击中的概率要比站立时大5倍。

抓住身边牢固的物体，以免地震时因身体失控移位或摔倒而受伤。

保护头颈部，低头，用手护住后颈或头部；保护眼睛，低头、闭眼，以防异物伤害；保护鼻、口，有条件时可用湿毛巾捂住口、鼻，以防吸入毒气、灰土。

一旦被困，要设法与外界联系，除用手机联系外，还可以敲击暖气片和管道，也可打开手电筒。

（5）户外。

就地选择开阔地趴下或蹲下，不要乱跑，不要随便返回室内，避开人多的地方。

离开高大的建筑物，如高大烟囱、水塔、楼房等，特别是要躲开有玻璃幕墙的高大建筑。

保护好头部

避开悬挂或高空的危险物，如电线杆、广告牌、变压器、路灯、吊车等。

避开其他危险场所，如狭窄的街道，危墙、危旧房屋，女儿墙、雨棚、高门脸下，砖瓦、木料等物的堆放处。

避开立交桥等一类结构复杂的构筑物，不要停留在立交桥、过街天桥的上面和下方。

（6）野外和海边。

避开山边的危险环境：避开陡崖、山脚，以防滚石、山崩、泥石流等，避开陡峭的山崖、山坡，以防滑坡、地裂等。

躲避滑坡、山崩、泥石流：遇到滑坡、山崩、泥石流，要向与

在户外时

滚石前进垂直的方向跑，切不可顺着滚石方向往山下跑，也可躲在结实的障碍物下，或蹲在坎下、地沟，特别要保护好头部。

有时候地震会引发海啸，为了防止海啸袭击，在海边时要尽快向远离海岸线的地方转移。

9.地震中的避险技巧

抗灾救险时，最佳的防范手段是未雨绸缪。虽然地震只发生在少数地区，但对每一位青少年来说，学会正确的防震应急知识是非常必要的。

在野外时

（1）就近躲避，切勿乱跑。

地震发生时是跑还是躲？多数专家认为，应急避震较好的办法是地震时就近躲避，地震后迅速撤离到安全地方。避震应选择室内能掩护身体的、结实的物体下（旁），以及开间小、有支撑且易于形成三角空间的地方，或室外开阔、安全的地方。

（2）正确的避震姿势。

地震发生时采取正确的避震姿势非常重要，可以减少伤亡。正确的避震姿势是蹲位、护头。自救还要掌握一定的要领，自救的要领是：

迅速趴在地上，让身体的重心降到最低。让脸部朝下，并保持鼻、口顺畅地呼吸。

正确的避震姿势

或者坐下或蹲下，使身体尽量弯曲。抓住身旁牢固的物体，避免地震来临时身体滑到危险的地方。

绝对不要站立不动，更不要仰躺在地。用坐垫、枕头、毛衣外套等遮住自己的头部、面部、颈部，掩住口鼻和耳朵，防止泥沙和灰尘灌入。

避开人流，不要乱挤乱拥，以免造成摔倒、踩踏事件，增加不必要的伤亡。

因为空气中可能有易燃、易爆气体，所以不要随便点明火，以免造成爆炸。

（3）保护好身体重要部位。

在地震中保护好身体的重要部位，会增加生存概率。怎样才能保护好身体重要部位呢？可采用如下方法。

低头，用手护住后颈部和头部。将身边的物品如被褥、枕头等顶在头上，保护头颈部。

闭眼、低头，防止塌落的物件伤害眼睛。

千万记住不能只顾避震而疏忽了身体重要部位的保护。

（4）捂住口、鼻防止烟尘窒息。

捂住口、鼻是地震发生时一个非常重要的防尘措施，可用毛巾、衣服等裹住头部。若没有保护口、鼻，会吸入大量灰尘和有害的气体，使人感到呛闷。为此，需要采取以下措施。

有条件的可用手帕、湿毛巾等捂住口、鼻，以免吸入烟尘，呛伤自己。

如果有灰尘不断坠落下来，可用衣服等包裹住头部，防止灰尘侵害五官。

千万不要奋力呼喊，因为呼喊会吸入大量烟尘，最终导致窒息死亡。

更不要盲目乱拆、乱翻，使烟尘加重。

10.避震原则——三要三不要

（1）要因地制宜，不要墨守成规。

地震来临时，每个人所处的状况都不一样，可以说是千差万别，避震方式不可能千篇一律。例如，是在室内避震还是跑出室外，就要根据客观条件而定：住楼房还是平房，地震发生在晚上还是白天，室内有没有避震空间，室外是否安全，房子是不是坚固等。

（2）要行动果断，不要犹豫不决。

避震能否成功，只有十几秒到几十秒的时间，就在千钧一发之间，容不得你犹豫不决、瞻前顾后。有的人本来已经跑出了危房，但是又转身回去救人，结果不但人没救成，自己也被压在废墟下。想到别人是对的，帮助别人也是应该的，可是他们忘记了一点，只有保护好自己，才有可能救出别人。

（3）要听从指挥，不要擅自行动。

前面已讲过这方面的例子。盲目避震，擅自行动，只会导致更大的不幸。

11.地震自救四大法宝

遭遇地震时，我们该怎样进行自救？地震学专家给大家介绍了以下四种自救方法，这些方法是自救的法宝，一定要牢牢记住。

（1）大地震时不要忙中出错。

破坏性地震来临时，从感觉到振动到建筑物被破坏平均只有12秒钟的时间，在这短短12秒内一定要沉着冷静，千万不要慌乱，保持清醒的头脑，根据所处环境立即做出保障安全的抉择。

如果住的是平房，你可以迅速跑到门外。

如果住的是楼房，千万不要慌乱跳楼。应立即关掉煤气、切断电闸，暂避到坚固的桌子、床铺下面或是洗手间等跨度小的地方，地震过后，要迅速撤离，防止发生强烈余震。

（2）人多先找藏身处。

发生地震时，如果正在学校、影剧院、商店等人群聚集的场所，千万不要慌乱，应该立即躲在椅子、桌子或坚固物品下面，等地震过后再有序地撤离。现场工作人员必须冷静地指挥人们就地避震，绝对不能带头乱跑。

（3）远离危险区。

如果发生地震时正在街道上，应立刻用手护住头部，迅速远离楼房，跑到街心地带。

如在郊外，要注意远离陡坡、山崖、河岸及高压线等。

正在行驶的火车和汽车要立即减速停车。

（4）被埋后要保存自己的体力。

假如震后不幸被埋压在废墟中，要尽量保持冷静，设法自救。

远离危险区

实在无法脱险时，要保存体力，尽力寻找食物和水，努力创造生存条件，耐心等待救援人员的到来。

12.不同场合的逃生自救法

（1）人群密集地。

在百货商场、电影院、学校、体育场等人群密集的公共场所遇到地震时，千万不要拥挤、慌乱，那样往往会导致摔倒、踩踏等事故的发生，造成人身伤亡。

此时，最重要的是要迅速躲在坚固安全的物体旁边，屈身蹲

在人群密集的公共场所遇到地震时，千万不要拥挤、慌乱

下，等地震过后，再迅速撤离到室外空旷的地方。

特别要注意的是，不要被挤到栅栏、墙壁旁边去。如有可能，要尽快避开人群。

如果没有办法逃离混乱的人群，要保持清醒的头脑，冷静地观察，根据具体情况寻找安全避震的地点或者选定自己的避难路线，果断迅速地做出抉择，然后采取行动。

（2）被淹于水中。

地震时常常会引发水灾，如果被淹没在急流中，千万不要惊慌。

要努力寻找能漂浮的物体，如门板、塑料桶、木制家具等，尽快向岸边游去，注意不要逆流而上，而应该顺流而下，因为这样可以减少体力消耗。

如果不会游泳，有一点非常重要，也是能否生存的关键，那就是在身体下沉之前，拼命吸一口气。下沉时，要憋住气，并同自己

被淹于水中时，要努力寻找能漂浮的物体

的恐惧心理作斗争。此时不能张嘴，要沉着，千万不要在水中胡乱挣扎，要冷静地等待再次浮上水面的机会。只要头一露出水面，就要呼吸新鲜空气并寻找漂浮物，找到漂浮物一定要牢牢抓住。不管怎样，不会游泳的人只要在水中憋住气仰起头，就一定能浮起来。最明智的做法是不将手举出水面并使身体倾斜，这样更容易浮起来，还可以采用狗刨式的姿势，拼命向岸边游。

13.不同场所的防护要点

地震发生后，首要的事情是进行自救和互救，这样能赢得宝贵的时间。在废墟中挖伤员首先要确定头部位置。轻巧、快速暴露伤员头部，清除灰土，暴露胸腹部，如有窒息，应立即进行人工呼吸。如果被埋或被压，不能强行硬拉。地震自救的原则主要有：排除呼吸道梗阻和窒息，处理完全性饥饿，处理创伤性休克，外伤止血、包扎、固定。

地震学专家根据不同场所的特点，提出了不同的地震防护要点。

（1）学校。

地震时，背向窗户，躲避于桌下，并用手或者书包保护头部。

躲避于桌下

不要匆匆忙忙冲出教室，并避免慌张上下楼梯。

如果在操场，要远离建筑物，到空旷的地方去。

平时，教师应经常在课堂讲授防震常识，教导学生避震需要注意的事宜，进行防震演习。

实验室的柜子、教室的照明灯具及图书馆的书架应加以固定。

（2）家庭。

家中应准备灭火器及急救箱，了解使用方法，并告知家人存放的地方。

知道自来水、煤气及电源如何开关。

重物不要置于高架上，拴牢笨重家具。

家中高悬物品应绑牢，橱柜门闩好，最好锁紧。找到家中的安全避难处。

（3）办公室及公共场所。

注意防范天花板上的吊扇、灯具等掉落下来。

在办公室中可躲在坚固的家具或办公桌下，或远离窗户，靠支柱站立。

在公共场所中不要慌乱，要仔细观察选择出口，避免人群推挤。

察看周围的人是否受伤，如果有人受伤，要积极地进行救助。

（4）室内。

保持镇定并迅速关闭煤气（天然气）、电源、自来水开关。

打开出入的门，随手抓个垫子保护头部，尽快躲在桌子或坚固家具下，或靠建筑物中央的墙站着。

切勿靠近窗户，以防玻璃震破伤人。

（5）室外。

站立于空旷处，不要慌张地往室内冲。

注意头顶上方可能有花盆、广告牌等掉落。

远离正在建设中的建筑物、围墙、电线杆等。若在地下通道或桥上，应镇静迅速地离开。

行驶中的车辆应减慢车速，不要紧急刹车，要靠边停放。

若行驶于高架桥或高速公路上，应小心迅速驶离。

在室外时

若在郊外，应远离海边、河边、崖边，找空旷的地方避难。

14. 废墟下的自救求生方法

强烈的地震往往会造成大量房屋倒塌，人们的生命安全也会受到严重威胁。1976年，河北唐山发生大地震，唐山市区约80％的人员被埋压在废墟里。1983年11月7日，山东菏泽发生5.9级地震，大量房屋倒塌，2万多人被埋在废墟下。由于开展自救活动迅速，90％以上被埋压人员都在2个小时内获救，经过及时治疗，生存率达99.2％。由此可见，在地震发生时被埋压在废墟里，如果能迅速自救，就会大大减少伤亡。那么如何进行自救，就成了人们关注的问题。

第一，如果震后被埋压在废墟里，首先要消除恐惧心理，鼓起求生的勇气和坚定的毅力。保持冷静，仔细观察，迅速判断自己的处境，根据具体情况决定逃生的对策。一定要沉住气，树立生存的信心。要千方百计坚持下去，相信一定会有人来救自己，耐心等待救援人员的到来。

第二，要保护自己不受新的伤害。第一次地震发生后，余震会不断发生，自己身处的环境还可能进一步恶化，救援人员需要一定的时间才能到来。因此，这个时候要尽量改善自己所处的环境，先稳定下来，设法脱险。被埋压在废墟下，即使身体没有受到伤害，也有被烟尘呛闷窒息的危险，因此要用衣服、手巾或手捂住口鼻，避免意外事故的发生。另外，想方设法将手与脚挣脱开来，并利用双手和可能活动的其他部位清除压在身上的各种物体。最主要的是要清理压在腹部以上的物体，使自己能够呼吸正常。用砖头、木头等支撑住可能塌落的重物，努力将"安全空间"扩大，保持足够的空气以供呼吸。在移动身边的物体时要注意避免塌方。

第三，也可寻找如木棍、小刀、玻璃、铁钉、钢筋等物，小心地凿通气孔。要注意清除掉口内的尘土、泥沙和异物等。尽力寻找身边的水源、药品、食品，如摸到一块糖、一瓶饮料等，并要有节制地使用这些物品，竭尽全力维持生命。然后要仔细检查自己的伤口，如果有外伤，要先进行止血、包扎。

第四，设法自行脱险，如果不能脱险，可发出求救信号，等待

救援。仔细听听周围有没有其他人，听到人声时用石块敲击墙壁、铁管，以发出呼救信号。观察四周有没有光亮或通道，判断、分析自己所处的位置，从哪个方向可能脱险，然后试着排开障碍、开辟通道。如果椅子、窗户、床等旁边还有空间的话，可以仰面过去或者从下面爬过去。爬行时，可采用卧式或侧式两种方式。卧式是将胳膊肘紧贴身体，把手放在肩的下边朝前爬动，或者用胳膊肘支撑身体交替着匍匐前进。侧式是侧身躺下来，靠身体的侧面和一只手来支撑，并用一只脚蹬动前进，累了，可以调过身子，再以同样姿势慢慢向前移动；倒退时，要把带有皮扣的皮带解下来，把上衣脱掉，以免中途被阻碍物挂住。最好朝着有空气和光线的地方移动，身体尽量放松，不要太紧张，否则在通过狭窄的地段时将会发生困难。头朝下向下滑行时，一只手要放到身体的侧面，不要将两手都放在前面，这是防止身体失去平衡的必要措施。

第五，如果暂时不能脱险，要保护自己，耐心地等待救援。被埋在废墟里之后，要稳定自己的情绪，对自己所处的环境做出正确的判断，最终做出等待救援或自行逃生的决定。如果开辟通道费力过多、费时太长，则不应自行逃生。如果周围非常危险，有不牢固的床板、电路、玻璃、水池，也不应逃生，如果自己所处的房屋年久失修，一有震动很可能会倒塌，也不要轻举妄动。如果做出等待救援的决定，就要尽量保存体力。首先，不要大叫大喊。通常情况下，被压在废墟里的人听外面人的声音比较清楚，而外面的人很难听到里面发出的声音。因此，如果听不到外面有人，无论怎样呼喊都无济于事，听到外面有人时再呼喊，才有被营救的可能。长期无效的呼喊会大量消耗体力，增加死亡的威胁。与外界联系的呼救信号有很多，除了呼喊外，还可用敲击墙壁、管道等一切能使外界听到的方法。其次，被压埋在废墟下，要想方设法寻找水和食物，俗话说，饥不择食，要想生存，只能这样做。唐山地震时，一位居民被压埋后，靠饮用床下一盆没有倒掉的洗脚水，生存下来。另一位中年妇女靠饮自己排出的尿，坚持了10多天，最后终于得救。

第六，自行脱离危险后，要消除危险，关闭煤气开关，灭掉明火，切断火源、电源。尽快与家人或学校、单位取得联系，在有关人员的指导下，积极参加互救活动，用科学的方法救助他人。

二、地震中的互救

1.震后互救的重要性及要点

地震后，外界救灾队伍不能在很短的时间内赶到受灾现场，在这种情况下，灾区群众应积极投入互救，让更多被埋压在废墟下的人员获得宝贵的生命。这是减轻人员伤亡最有效、最及时的办法。抢救得越早、越及时，获救的希望就越大。据有关资料显示，在地震发生后20分钟内获救的人，救活率大于98％；在1个小时内获救的人，救活率为63％；震后2个小时还无法获救的人员中，有58％是窒息死亡。在1976年唐山大地震中，几十万人被埋压在废墟中。

积极投入互救

灾区群众通过自救、互救，使大部分被埋压人员保住了珍贵的生命。灾区群众参与互救在整个抗震救灾中起到的作用是无可替代的。

救助时，应根据"先易后难"的原则，先抢救建筑物边缘瓦砾中的幸存者、附近的埋压者以及学校、医院、旅馆等人员密

震后互救原则

集容易获救处的幸存者。

　　救助时，注意听被困人员的呻吟、呼喊或敲击声，根据房屋结构，确定被埋人员的准确位置，制定抢救方案，不能破坏埋压人员所处空间周围的支撑条件，避免引起塌方，使被埋压人员再次遇险。

　　抢救被埋人员时，应先使其头部暴露出来，尽快让新鲜空气流入被困者的封闭空间。不可用利器挖刨，挖刨中如果尘土太大，要喷水降尘，避免造成被埋压者窒息。

　　对于埋在废墟中时间较长的幸存者，应先供给食品和饮料，然后边挖边支撑，不要让强光刺激被埋压者的眼睛；埋压过久者救出后不要过急进食，也不应急于暴露眼部。

　　对抢救出的危重伤员，应迅速送往医院或医疗点，不要安置在废墟中或破损的建筑物中，以防余震。

抢救出来的轻伤幸存者可迅速加入互救队伍，更合理地展开救助活动。

2.震后救援遵循的原则

震后救人，首先要做到及时、快捷，迅速壮大救人的队伍，让更多的人获救。在救人时应遵循以下原则。

（1）先救近处的人。

不论是邻居、家人还是萍水相逢的路人，只要近处有人被埋压就要先救他们。相反，舍近求远，往往会错失救人的良机，造成不应该发生的损失。

（2）先救青壮年。

青壮年可以迅速在救灾中发挥作用。

先救近处的人

（3）先救容易救的人。

这样可加快救人速度，尽快扩大救人队伍。

（4）先救"生"，后救"人"。

每救一个人，只要先把这个人的头部露出，能够呼吸就可以，然后马上去救别人，这样可在很短的时间内救几十个人。

3.震后救人的步骤

震后救人，条件、环境十分复杂，因此要因地制宜，根据具体情况采取相应的办法，关键是保障被救人的安全。这里给出救人的一般步骤、程序和方法以及应注意的事项。

（1）定位。

根据求救声、呼喊声寻找被埋压人员，判定被埋压人员的位置。根据现场具体情况，采用多种办法和方式分析被埋压人员可能所处的位置。

（2）扒挖。

扒挖时要注意幸存者的安全。当接近被埋压人时，放弃使用利器刨挖，因利器伤人致命的事也发生过。扒挖时要特别注意分清哪些是一般的埋压物，哪些是支撑物，不可破坏原有的支撑条件，以免造成塌方，对被埋压者造成新的伤害。扒挖过程中应尽早使封闭空间与外界沟通，让新鲜空气注入，以供呼吸。

（3）施救。

一定要保证幸存者的呼吸。首先将被埋压者的头部暴露出来，然后将被埋压者口、鼻内的尘土清除，再使其胸腹和身体其他部位露出。对于不能自己出来的被埋压人员，要暴露全身，然后抬救出来，千万不能生拉硬拽。

（4）护理。

救出被埋压者以后要给予必要的特殊护理。对于在饥渴、窒息、黑暗状态下埋压过久的人，救出后应给予特殊的护理：为了避免强光刺激，要用布蒙上其眼睛；不能一下进食过多，不能突然接受大量的新鲜空气；被救人的情绪不能过于激动。如果被埋压者身上有伤，要就地做相应的紧急处理。

（5）运送。

对那些被救的人要分情况处理。对救出的危重伤病员、骨折伤员，运送过程中应有相应的护理措施。重伤员应送往医疗点或医院进行救治。特别应注意的是，救人过程中要把安全放在第一位，否则将会对被埋压者造成新的伤害。在河北唐山大地震救人过程中，就发生过踩踏已经倒下的房盖，使房盖下本来可以获救的被埋压者不幸身亡的事例。因此，在抢救他人时，一定要用科学的方法，千万不能鲁莽行事。

4.震后互救注意事项

灾后群众或者已脱险的人营救被压埋在废墟中的人称为互救。互救在抗震救灾中非常重要，特别是在救援力量未到达的情况下，灾民互救更是不可缺少的救生措施。互救时需要注意以下几点。

（1）时间要快。

调查结果显示，震后2个小时还无法获救的人员中，58%的人是因为窒息而死亡的。如果救助及时，这些窒息死亡的人完全可以保住性命。因此，在整个抗震救灾中，灾区群众参与及时互救行动，起到的作用是不可替代的。

（2）进行援救时寻找伤员的方法。

根据我国多年来积累的地震知识和经验，总结出以下几种方法来寻找伤员，即"问、听、看、探、喊"五字箴言。

问：就是询问地震时，与需救助人员在一起的当地熟人、同志和亲友，指出伤员的可能位置，了解当地的建筑物分布情况和街道情况。

听：就是贴耳侦听伤员的呻吟声和呼救声，一边敲打一边听，一边听一边用手电照。

看：就是仔细观察有没有露在外边的肢体或衣服血迹和其他迹象，特别注意房前、床下、门道、屋角处等。

探：排除障碍形成能够钻进去的地方或者是在废墟空隙寻找伤员。这时要注意有无爬动的血迹及痕迹，以便寻找已经筋疲力尽的被困者。

喊：就是让伤员亲属和当地熟人喊遇难者姓名，细听有无应答之声。

通过以上5种方法，先找到伤员所在的位置，然后再根据具体情况采取合适的援救方法对其进行营救，很快就能将伤员救出，并逐步扩大援救范围。

三、地震中受到的主要伤害

地震发生以后，人们通常会受到不同程度的伤害，主要的伤害有如下几点。

1.机械性外伤

机械性外伤是指人被各种设备及倒塌体直接砸击、挤压后的损伤，占地震伤的95％～98％。受伤部位有骨折、头面部伤。其中，骨折发生率比较高，大约占全部损伤的55％～64％，还有12％～32％的软组织伤，颅脑伤的早期死亡率也非常高，其余为内脏和其他损伤。创伤性休克是地震伤死亡的主要原因。

2.埋压窒息伤

埋压窒息伤是指人在地震中身体或者口鼻不幸被埋压，从而发生窒息。在地震引发的地质灾害如泥石流、滑坡、崩塌中，能将整个人埋在土中，有时候没有明显的外伤，但是会因窒息而死亡。

3.完全性饥饿

在地震中人被困在废墟空隙中，长期断食断水；环境或污浊、闷热，或寒冷、潮湿，使人体抵抗力下降、代谢紊乱，濒于死亡。被救出以后神志不清、口舌燥裂、全身衰竭，往往在搬动时死亡。

4.精神障碍

因地震时受到强烈的精神刺激从而出现的精神应激反应。常见的症状是淡漠、疲劳、迟钝、失眠、焦虑、易怒、不安等。

5.冻伤

地震发生在冬天，在没有取暖设施的条件下可引起冻伤。例如，辽宁海城地震发生在寒冷的冬季，人们只能临时住在防震棚中，天气寒冷，冻死、冻伤多人。

6.烧伤

有毒有害物质泄漏乃至爆炸或地震诱发的火灾可能引起烧伤。由于地震火灾往往难以躲避，因此容易导致烧伤、砸伤的复合伤，也会增加治疗难度。例如，1975年2月4日19点36分，辽宁省海城、营口一带发生地震，震后因防震棚失火，烧死、烧伤数人。

7.淹溺

地震诱发水灾会引起淹溺。要创造条件实施水上或空中救护，但由于地震淹溺者往往有外伤，因此治疗难度大。

 四、地震后的正确做法

在2007年智利发生的地震中，许多罹难者是挤压伤或被砸伤致死的。还有一些是当他们被埋进瓦砾时，丧失了生存的希望，精神崩溃，从而歇斯底里地翻腾、喊叫，还没有等到救援，就窒息死亡了。那么，地震发生之后，我们应该怎样做才能逃过一劫，保住性命呢？

1.脱离危险房屋

地震来临时，很多人可能会被倒塌的建筑物砸死，还有很多人会被埋压在倒塌的建筑物下。如果被埋在废墟下，要尽可能减少能量消耗，延长生命。让自己的情绪稳定下来，分析自己所处的环境，留心观察有亮光的地方，努力寻找出路。如果自己无法走出来，还要注意节省体力，耐心等待救援。

2.妥善处理出血和创伤

地震中常见的伤害是挤压伤和砸伤。情况严重的是外出血、开放性创伤和内脏出血，伤员被砸伤时，首先要对其进行止血，同时抬高受伤的肢体。

3.防止破伤风和气性坏疽的发生

大地震后，伤员如果受到大面积创伤，首先要保持创面清洁，用干净纱布包扎创面。不要忘记打破伤风针，要警惕气性坏疽和破伤风的发生。感染这两种细菌后，如果处理不当，也会导致死亡。因此，怀疑有破伤风和产气杆菌感染时，应立即与医院或者医疗点联系，以便得到及时诊断和特殊治疗。

4.防止火灾蔓延

在地震后引发的许多次生灾害中，火灾是最常见的一种。火灾发生后首先要尽快设法脱离火灾现场，然后迅速脱下已经燃烧的衣帽，或者卧地打滚，或用湿淋淋的衣服覆盖在身上，也可以用水直接浇泼灭火。但一定不要用手扑打火苗，因为这样效果不佳还会烧伤双手。

5.安全撤离

在有关人员的指挥下，有秩序地撤离公共场所或教室。千万不要拥挤，因为拥挤有可能会摔倒引起踩踏事件，造成不必要的伤亡。遇到特殊危险时要随机应变，注意保护自己，尽快离开室外各种危险环境。不要轻易回到危房中去，谨防余震随时发生。

6.尽快与家人、学校或机关取得联系

按震前商定的家庭团聚计划行动。若暂时找不到家人，可到有组织的疏散地点或单位去寻找。

7.积极参加互救活动

在有关人员的指导下，用科学、正确的方法救助他人。

第八章　认识滑坡和崩塌

一、滑坡和崩塌概述

　　滑坡和崩塌都是自然界中的重力地貌过程。它们和洪水、台风等自然灾害一样具有双重性，所谓双重性就是既有好的一面，也有坏的一面。好的一面是它们给人们带来了可利用的良好的土地资源，坏的一面是它们的发生不但突然，还具有多发性和群发性，给人们的生活带来了可怕的灾难。如今滑坡和崩塌已成为人类社会的重大灾害之一。

崩塌现象

从古至今，人类就不断经历着滑坡和崩塌的干扰。我国是对滑坡和崩塌记载最早的国家，不过当时的人们并没有把滑坡和崩塌分得很清楚。常将两者混为一谈。实际上，滑坡和崩塌比起来不但规模有限，而且作用力也不同。但那时人们把它们合称为"山崩"。除我国之外，古罗马也有滑坡和崩塌灾害的相关记载。

滑坡是山区常见的一种地质灾害，是斜坡上存在的软弱面或软弱带上的岩土物质作整体性下滑的运动。滑坡可分为四种类型：自然边坡滑坡，岸坡边坡滑坡，矿山边坡滑坡和路堑边坡滑坡。作为一种灾害，滑坡的孕育和发生与人类的生活有着密不可分的关系。一方面，滑坡的发生对人类造成惨重的灾难和损失，有时候它独来独往，摧毁交通设施和通信设施，危及人们的生命和财产；而有时候它附着于其他灾难，"落井下石"，使得灾难加重。例如，2008年5月12日，四川汶川发生8级地震造成了15 000多处滑坡，这些滑坡明显受地震断裂带控制，滑坡面密度50%～70%。大面积的滑坡现象是因为地震使山体松动，加之暴雨的侵袭而引发。汶川地震

滑坡现象

触发的体积最大的滑坡是位于主中央断裂带上的安县高川大光包滑坡，滑动距离长达4500米，宽1700～2200米，滑坡堆积体长2800米，最大厚度达580米。这一滑坡不但摧毁公路、阻碍通信，而且还造成了大量伤亡事故。据不完全统计，因滑坡直接造成的死亡人数有20 000人左右，约占地震灾害全部死亡人数的1/4。另一方面是人类的生活活动、科技发展使滑坡灾害发生得更加频繁，这也是值得深思的问题。

滑坡一般发生在多山地区。据20世纪90年代的调查资料显示，我国山城重庆市是孕育和产生滑坡、崩塌灾害数量较多的地方，其中体积大于500米³的滑坡就有129处，另外还有58处崩塌。而我国的另一座山城攀枝花市建市后的20年间，就先后发生滑坡50多次。滑坡事件的发生往往就在一瞬间，不但具有群发性和多发性特点，还具有间接活动特点。例如，我国宝成铁路的熊家河滑坡，从1955年到1982年，滑坡事件不断发生，整治、再滑动，再整治，其整修工程就耗资820万元。由此可见，滑坡灾害是一种危害性很强的自然灾害。

1.滑坡和崩塌的概念

在重力作用下，斜坡上的岩石、土块由于自身重量或受到如地震、人工爆破、暴雨等某些外因的触发，沿着斜坡做下移或坠落的运动，被称为块体运动。块体运动不只有滑坡一种，还包括崩塌和泥石流。这里我们主要说滑坡和崩塌。

（1）滑坡。

前面我们说过了滑坡的定义，即在重力作用下，岩土物质沿斜坡作整体性下滑的运动。这些受到触发力而运动的岩土体以水平位移为主，滑动体边缘部分则存在一些极小的翻转和崩离碎块的现象，除此之外，其他部位相对位置变化不大。

斜坡现象

　　滑坡由滑坡体、滑动面（带）、滑床、滑动台阶和滑坡壁等组成。其中滑坡体、滑动面和滑床为必然存在的滑坡三要素。

　　一般以黏土质为主的土层或泥质岩及其变质岩的分布区易发生滑坡灾害。滑坡的滑动面一般沿着破裂面、岩层面或透水层与不透水层之间的分界面发育。人工开挖的陡坎或者冲刷形成的陡岸最易产生滑坡。诱发滑坡的主要自然因素是地震、降雨和融雪等。

泥质岩分布区

　　地震使斜坡上的岩土体内部结构遭到破坏，并且会促使原有的软弱面或软弱带重新活动。降雨和融雪的水渗入岩土体的孔隙或裂隙中，一方面使岩土的抗剪强度降低，削减抗滑力；另一方面又使地下水位增高，产生浮托力，两力并

存，形成滑坡。因此，常有"大雨大滑，小雨小滑，无雨不滑"的现象。

滑坡的形成过程有快有慢，快的可能瞬间发生，慢的则需要发育几个月甚至几年的时间。滑动移动速度通常较缓慢，但也有每秒几十米快速滑动的情况。

（2）崩塌。

崩塌仍然是陡坡上的岩石土体受到重力的影响而发生的。但它并不是整体做下滑运动，而是突然、迅速地垮落至坡下的现象。规模大的崩塌称为山崩，是巨大的岩石山体下落形成的。崩塌一般发生在悬崖峡谷或者坡度大于60°的海岸、湖岸等陡峭地段，因为这种坡度的地段一般是由坚硬且有裂隙发育的岩石组成的。崩塌易发生在层理、劈理或垂直节理发育倾向与坡向一致的地方。其速度较滑坡快很多，运动速度一般为每秒5～200米。

造成崩塌的原因是岩石中已有的构造裂隙和释压裂隙受到风化作用，导致断层不断扩大和发展。这时候的陡坡已经处于极不稳定状态，一旦遇到触发因素如地震、暴雨或不合理的挖掘、地下采空等，岩体就会发生崩塌。在自然界中，这些已经处于危险状态的斜

崩塌现象

悬崖峡谷

坡上的岩土体常被称为危崖。崩塌下来的岩土体顺陡坡猛烈地滚动、跳跃以及相互撞击后堆积于山麓坡脚地带，主要为大小混杂却棱角分明的粗碎屑物。

大规模崩塌会造成很严重的破坏。它发生得突然，经常会危及人们的生

风化作用

命，损毁交通和通信设施。例如，2001年7月28日，四川省雅安市晏场镇五里村因为暴雨导致了山体崩塌，造成5人死亡、1人受伤。同年7月30日上午8时，江西省乐平市塔前镇一采石场发生大面积山体坍塌，塌方坡面长70多米，造成15人死亡、13人失踪。2005年5月15日19时40分左右，河南平顶山煤业集团四矿矸石山突然发生自燃崩塌，造成100米以外的18间民房不同程度受损，房中人员被埋压。16日1时左右，在抢险过程中，突发的暴雨导致矸石山再次发生自燃崩塌，造成40多名抢险人员不同程度的烧伤。截至16日19时，搜救工作基本结束，确认有8人遇难，122人不同程度被烧伤，其中6人伤势较重。2007年11月20日8时40分，宜万铁路湖北省恩施州巴东县木龙河段高阳寨隧道进口处发生了岩崩，崩塌体堆积物约有3000米^3，巨石掩埋了318国道约50米长的路段，导致在隧道进口处铁架上施工的4名民工死亡，一辆从上海返回利川途经此处满载乘客的客车也被崩塌体砸毁并掩埋，这次灾害共导致31人死亡，1人失踪，1人受伤。2008年6月13日10时20分左右，山西省吕梁市离石区西属巴街道办上安村发生了黄土崩塌，靠近山脚的上安村久兴砖厂的厂房被摧垮，被困工人中只有1人获救，其余19名全部遇难，这次滑坡高达70余米，宽60余米，共计有10 000余方土，久兴

砖厂的生产人员全部被掩埋，生产设备全部被摧毁，掩埋深度达到7~8米。

综上所述，滑坡和崩塌虽然都是受斜坡重力的影响使块体变形，造成破坏运动的现象，但它们的发育规模、发生环境、成灾特征、运动规律等方面均存在着明显差异。因此，对它们的识别、预防和治理等方面也不尽相同。

2.滑坡的形态要素

滑坡发生、发展的过程并不是神秘不可知的，它有着明显而独特的一系列地貌形态。如滑坡后壁、滑坡侧壁、滑坡鼓丘、滑坡台阶、滑坡舌、滑坡趾、滑坡洼地（滑坡湖）、滑坡泉、滑坡堰塞湖等。此外，表征滑坡重要宏观现象的还有滑坡地表裂缝，它不仅是滑坡力学特征在地表的反映，还是滑坡特征的一部分。

不同类型的滑坡，同一类型但不同地段的滑坡以及滑坡发育的不同阶段，都会体现出不同的地貌形态和地表裂缝特征。因此，通过滑坡地貌形态和地表裂缝的综合分析，我们可以更加清楚地认识、识别、鉴别出滑坡是否在此地带存在，已经发育到何种阶段或者其稳定状态及发展趋势如何等一系列问题。

（1）滑坡的各部位特征。

滑坡体：简称滑体，是指脱离斜坡母体发生移动的那部分岩土体。

滑动面：简称滑面，又称滑动镜面或滑坡镜面，是指滑坡体沿其滑动的界面。滑动面通常很平整。但当滑坡是沿着一层数毫米甚至数

移动的滑坡体

米厚度的剪切带滑动时，这个
界面则被称为滑动带，滑动面
一般就隐藏在滑动带中。

掉落的滑坡体

滑坡床：简称滑床，是指
滑坡体以下的稳定岩土体。

滑坡后壁：是指因滑坡体
的下滑而使滑坡主裂缝的外侧
暴露出来的陡壁。用滑坡后壁最
高点的经度和纬度共同定位的那
个滑坡位置点即为滑坡顶点。

滑坡侧壁：是指位于滑动体两侧的陡壁。滑坡后壁与滑坡侧壁
相互衔接，连续延伸。

滑坡洼地：是指由于滑坡体陷落而在滑坡后缘裂缝一带形成的
洼地。

滑坡湖：是指由于滑坡后壁的地下水露出而汇集成的沼泽或积
水洼地。

滑坡台地：是指因坡度变缓而在滑坡体表面形成的台地。

滑坡台坎：是指在滑坡滑动过程中发生分段解体时，在每段滑
坡体之间形成的阶坎。

滑坡剪出口：是指在滑坡体的最前端，滑动面与地面所形成的
交线。

滑坡主轴线：是指将滑坡体两侧边界中点相连，这条看不见的
连线，就是滑坡主轴线。滑坡体运动各点在此线上是速度最快的。
一般线呈直线，但有时由于受到滑床的影响而呈现折线形或弧形。

（2）滑坡地表裂缝。

滑坡发育过程中，滑坡地表裂缝是最早出现的地表特征，根据
它的出现，人们可以及时掌握滑坡的相关信息，采取必要的避险措

施，为自救赢得宝贵的时间。

拉张裂缝：拉张裂缝的形成是由于滑坡体向前、向下移动而产生在滑坡后缘位置的主要裂缝。刚刚出现的拉张裂缝呈断续状，随着发展最终连成一整条裂缝（带）。这条裂缝带又称主裂缝，它是滑坡发生的标志之一。岩

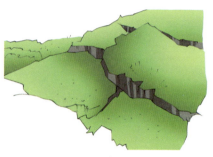

滑坡地表裂缝

质滑坡和土质滑坡的拉张裂缝形状不尽相同，岩质滑坡的后缘裂缝呈锯齿形或直线形，而土质滑坡的后缘裂缝呈弧形。后缘裂缝的长度、宽度、深度也都因滑坡的移动距离、偏移方向和滑坡体的厚度不同而各有差异。在主裂缝前后还可以见到一些拉张裂缝，前后不同的拉张裂缝所标志的情况现象也不同，位于前方的为滑坡体分级解体的标志，位于后方是滑坡后壁上岩土体松动和失稳的标志。

剪切裂缝：滑坡体的中部和前部的两侧易形成剪切裂缝，其形成原因是滑坡体移动时与两侧的稳定坡体产生剪切作用而形成的地表裂缝。初期的剪切裂缝呈"X"形状，且众多"X"形裂缝以雁行状排列。随着滑坡发育逐渐成熟，最终会在滑坡体两侧各发育成一条剪切裂缝（带）。

鼓胀裂缝：是指在滑坡体经过剪出口时，因为地表摩擦阻力的增大和地形坡度发生变化致使出现上拱断裂，从而造成的横向裂缝。

放射裂缝：呈扇形分布，位于鼓胀裂缝的前方，由于滑坡体向左、右扩张而发生的裂缝。

3.滑坡纵向分级运动特征

按照一定的标准，大多数滑坡运动纵向上可分为两级、三级或

四级甚至更多。根据滑坡运动过程中的力学特征，可以将滑坡运动分为三类，即牵引式、推动式和混合型运动。

（1）滑坡牵引式运动。

斜坡前缘部分即阻滑部分被某些因素逐渐削弱其作用失去支撑后，岩土体发生滑动现象，就是产生滑坡的起因。后部的岩土受斜坡前缘坡脚部分滑动的牵引作用而产生滑动，使岸坡依次后退。其中，人为开挖坡脚和流水冲刷坡脚引起的岸坡滑坡是最为典型的例子。

人为开挖坡脚

（2）滑坡推动式运动。

有可能产生滑坡的斜坡后部受外加荷载作用和自身重力的影响，首先产生张裂变形，滑动面（带）也沿着软弱面由后到前渐渐发育起来，后部的滑坡推力传递集中到斜坡前缘，即滑动面剪出口，当传递来的滑坡推力大于斜坡前缘岩土的强度时，滑动情况就会在坡体上发生，这就是滑坡的起因。在前缘滑动面剪出口，因为滑坡的类型是推动式滑坡而有较大的能量被集中起来，因此，滑坡开始时的滑速瞬间比较大，产生的危害也相对大一些。

1971年8月，四川省汉源县富林村四组发生了推动式滑坡。山间冲沟地形是滑坡区域。高近80米的侵蚀台地为滑坡岸，它有着45°～60°的岸坡坡度，其对岸坡为近20°的

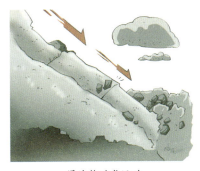

滑坡推动式运动

干涸的旱地

缓坡耕地和原村民住地。地层为易滑地层，产状近水平。在坡顶台地上，当地村民把旱地改为水田，种了近0.3公顷的水稻。但是，田中的水在栽下水稻后不久便漏干了，而后，村民连续引水灌溉了三次，每次都是在不久之后又干了。一天凌晨，山体突然整体高速下滑，滑坡前部冲过冲沟跃上对岸缓坡，使得富林村近14户村民被埋，死亡人数超过40人。该滑坡是推动式滑坡的一个典型范例。因为坡体的顶部地层有开裂现象，又多次灌水进稻田，使得滑动面自上而下的形成速度加快，应力（推力）快速转移集中至坡脚，强大的滑坡推力使得坡脚岩体不能抵抗，因此，就产生了高速滑动。

（3）混合式滑动。

一个既有牵引式滑动又有推动式滑动的滑动过程称为混合式滑动。1943年正月初三，在青海省共和县（在今龙羊峡水库大坝上游6千米的右岸）查纳村发生的查纳滑坡就是混合式滑动。起初，在村后山坡中部平台下部产生了有3000万～4000万米^{3}滑动方量的推动式滑动，而后，随着坡体下部起阻滑作用部位的丧失，无法再支撑整个大边坡，因此又产生了后山坡规模为6500万米^{3}滑动方量的牵引式高速滑动。之后，由于形成的高大滑坡后壁稳定情况并不乐观，出现了多条平行于滑坡后壁的弧形裂缝，而且，有方量大约为2500万米^{3}的错落滑移发生，此时的滑坡则属于后壁应力调整的牵引式滑动。

这三种滑坡都有一个共同的特征，即纵向上都可分级滑动。第一个滑坡分为五级滑动，分别由台阶、台坎区分，它是成都附近的成都黏土滑坡。第二个滑坡分二级滑动，它是昔格达组地层滑坡。此类滑坡在第一级主滑体滑动后，后壁会形成高近50米的陡壁，之后，后壁还会因为应力调整而发生再次滑动。第三个滑坡分为三级滑动，横向沟槽将一、二级滑动分隔开来，滑坡湖则将二、三级滑动分离开来。

4.横向上分块滑动特征

较大型滑坡大多具有横向上分块滑动的特征，其中纵向沟槽将块与块之间分隔开来，根据堆积特征，因为侧向应力作用，在第二级主滑块启动后，次级滑块就会在主滑块两侧分别显示出来。

横向分块运动

5.滑坡运动速度

滑坡有着极为复杂的运动特征，因为启动时间的不一致，所以有着不同的运动速度，在向前运动过程中，滑体各块体会发生相互

撞击、推举和挤压的状况，其
运动方向尽管仍是向前的，但
随时都会发生一定的改变。对
这样复杂的运动进行记录，到
目前为止，还没有哪一种仪器
能够做到。所以，只能模糊收
缩这个复杂过程，将其作为一
个均质块体来进行研究。滑坡

滑坡运动速度

运动属于变速运动，研究运动的主要内容是速度。由于蠕动型和慢
速滑坡的滑动很慢，甚至呈现断续滑动的状态，因此，对它们的观
测可以通过常规模式，再由运动学公式将其平均速度计算出来。

6.崩塌的形态要素

崩塌的形态要素比滑坡的形态要素简单，其组成部分主要有
崩裂面（壁）、底面、侧面和锥形堆积体。这些结构面通常都是发
育、发展在软弱的地质结构面上，如层面、节理面等。

崩裂面（壁）：崩裂面位于崩塌体后缘。它的形成是由于坡
体松弛、地应力释放、冰胀作用、地下水的静水压力、根劈作用等
因素造成坡体中原生裂隙发育、扩张的结果。坡体上的岩土块受崩
裂面发展的影响，逐渐弯曲或倾斜，以至于最终脱离母体引发崩塌
事件。

底面：崩塌块体的底面与滑坡的滑动面有质的区别。其底面有
些是原生的地质结构面，有些则是由于崩塌体弯曲、折断而发展起
来的极粗糙面。

侧面：崩塌块体的侧面。一般这些侧面多为原生的地质结
构面。

锥形堆积体：是指岩土体在崩落下来后，于崩裂壁前方的缓坡

或坡脚处堆积而成的碎裂岩或土堆。这些堆积体的形状常常呈上指崩裂壁中央的锥形，这些锥形堆积体紧贴岩土陡壁。多个崩塌锥形堆积体相连的现象则被称为崩塌裙。

7.崩塌运动特征

崩塌块体的运动不存在滑移现象，这点与滑坡有很大的差别。崩塌体从地面开裂后，瞬间撕裂脱离母体，以高速运动临空坠落，整个运动会出现自由落体、推动、跳跃、滚动和碰撞等多种方式并存的复合过程。运动中，大岩土块会由于跳跃、碰撞而碎裂、解体成小块。

坍塌运动特征

由于崩塌块体运动过程十分复杂，所以并不能像其他灾害那样做出能量传递、速度和坡面阻力等准确的测定。

8.滑坡、崩塌的分布范围

（1）全球性滑坡、崩塌灾害区域分布。

斜坡上的滑坡

发生在斜坡上的滑坡、崩塌是一种地貌灾变过程。从全球范围来看，地球的表面尽管只是由平地和斜坡两种地形单元组成，但是，它仍有着多种多样和极其错综复杂的形态。只要稍微留意一下，就能轻易看出平地的面积远远小于斜坡的面积。而且，只要是斜坡地形，就有产生滑

坡和崩塌的可能。在水底特别是海底，也有极为突出的表现。在陆地，滑坡可能在坡度很缓的斜坡上发生。例如，在唐山地震区，地震液化作用不仅能轻易地对坡度在8°以上的地段产生影响，甚至能使5°以下的河流岸坡发生滑动。由此可见，滑坡、崩塌分布的全球性特征取决于斜坡地貌单元分布的广泛性。

（2）我国的滑坡、崩塌灾害区域分布。

我国有许多山区发生过多次不同程度的滑坡、崩塌灾害，从长白山到海南岛、从台湾岛至青藏高原都是有灾害发生过的区域。相比之下，在南北方向上，秦岭—淮河一线大致上与年降雨量为800毫米的等值线相吻合，以此为界，南部的滑坡、崩塌灾害分布较密，而北部地区则较稀少。在东西方向上，若第一阶梯东部以大兴安岭—张家口—兰州—西藏林芝一线为界，西部地区的滑坡、崩塌分布较稀少，东部地区则较密；以第二阶梯的东缘大兴安岭—太行山—鄂西山地—云贵高原东缘为界，西部地区的滑坡、崩塌分布较密，而东部地区则较稀少。其实，上述两线之间的山区即第一阶梯的东部和第二阶梯西部，如云南、贵州、四川三省，甘肃南部、西藏东部和黄土高原沟壑区是我国的滑坡、崩塌灾害多发区、密集区的主要集中地；而我国台湾地区、闽浙丘陵和喜马拉雅山南麓则是其第二分布地。其他地区的滑坡、崩塌灾害主要在湖、河、堤坝、库岸边及道路边坡等部位发生。

二、形成滑坡、崩塌的自然条件

滑坡发育的主要条件包括地质构造、地形地貌条件、地层岩性及水文地质与新构造运动等。这些地区存在明显的不稳定因素，岩层运动活跃，易受风化，软硬岩层交错，地下水变动幅度大，是滑坡发育的有利地区。

地质构造

崩塌下落形式有散落、坠落、翻落等。崩塌的发育条件和滑坡比起来显得有些局限。首先要满足构成滑坡的大多数条件，而且必须同时具备陡峻的坡度以及较大的地形高差和裂隙。

1.形成滑坡、崩塌的条件

（1）滑坡、崩塌形成条件概述。

地球表面多数都是层状分布的岩土。在大峡谷中我们经常可以看到这种分层的岩土，其层面表现得都很清楚。其中有些是趋于水平的，有些是倾斜的。造成滑坡的根本原因是重力，重力在我们的生活中一直存在，

层状分布的岩土

更多时候重力是保持稳定的因素，即使岩面下滑，也构不成滑坡的条件。滑坡的发生是外界因素导致的，本来保持稳定的重力变成了引起下滑的重力，且瞬间释放出来，形成了滑坡。我们把那些外界能够引起滑动的变化称为滑坡的触发因素。

前面我们也提到了一些能够触发滑坡的原因，其最主要的三个原因是地震、水和人。

地震是触发滑坡的重要原因之一，其触发的滑坡往往规模巨大且会造成极大的灾害。我国最大和世界上最大的滑坡都是由地震触发的。

触发滑坡的水主要是指连续的降雨和冰雪融水，使土壤饱和润滑、浮升而造成滑坡。再者就是人为的不合理开挖，破坏了山体的力学平衡，导致滑坡的产生。

（2）滑坡、崩塌形成的地质构造条件。

顺层、缓倾、陡倾、层面、节理、裂隙等直立的坡体软弱结构面都是引发滑坡、崩塌的主要条件。在自然界中，滑坡、崩塌多发于断层破碎带。因为岩土块体受重力的影响而作弯曲滑移运动，这个时候软弱结构面就会成为控制滑坡、崩塌规模及其性质的重要边界条件。

滑坡、崩塌形成的地质构造条件

滑坡发育与地质构造背景有非常紧密的联系，地质构造发生运动时，会促使坡体内形成各种各样的软弱结构面，有些则是形成滑坡和崩塌边界的重要条件，例如原生软弱夹层、沉积间断面、裂隙、劈理、节理等。

软弱岩

以下几种情况为可发展成为滑动面的主要软弱结构面。

由本地堆积层和外来堆积层共同组成的堆积层界面，这种不同岩性的堆积层界面可发展成为软弱岩。

覆盖层与岩层的界面之间的差异使界面既是岩性界面，又是水文地质界面，因此比较容易发生滑坡。

软弱夹层面。

缓倾的岩层层理面。

层理面、裂隙面是由泥质、黏土充填组成的。

缓倾状态的大型节理面。

由断层泥、断层面形成的界面。

潜在的软弱面。

以下几种情况为可发展成滑坡后壁、侧壁的主要软弱结构面。

各种陡倾节理。

陡倾的断层面。

沉积边界面。

在实际情况中，我们还要十分重视在滑坡发育中坡体卸荷裂隙的作用。卸荷裂隙在坡体中普遍存在，无论坡体高矮，卸荷裂隙对原生结构面和构造结构面的增长和扩宽都有十分显著的作用。这种作用能切割坡体，使其更加破碎。有时还会出现新的卸荷裂隙，平行或略陡于坡面的缓倾角呈现出来，这种卸荷裂隙会逐渐发育成剪切面，进一步促使滑坡和崩塌的发生。

（3）滑坡、崩塌形成的外部条件。

降雨：据调查统计，80％以上的滑坡、崩塌发生在雨季。降雨中或降雨后是最容易发生滑坡、崩塌的时间。

雨水会对坡面产生三个作用：

侵蚀、软化作用。雨水对岩土颗粒有很强的侵蚀软化作用，尤其是软弱岩，因为其不透水而使雨水得以在上面有短时的滞留，这就更加剧了雨水对岩土的侵蚀作用，受过侵蚀的岩土抗剪强度明显减小，由此促使了滑坡和崩塌的产生。

增重作用。受到雨水渗透的岩土体自身重力迅速增大，而且雨水在渗入地下后产生的静水压力和动水压力，使本来极限平衡的状态转变为滑动状态，诱发滑坡的发生。

水劈作用。当大量的雨水渗透或流入拉张裂缝后，裂缝中的水就会产生较大的侧向压力，将裂缝壁向两边推开，促使滑坡、崩塌灾害的发生。

降雨历时和降雨强度都对滑坡、崩塌有明显的影响。实际情况表明，降雨历时越长，降雨强度越大，滑坡、崩塌发生的次数也就越多。很多时候连续降雨甚至比短历

滑坡、崩塌形成的外部条件

时暴雨还容易引发滑坡、崩塌灾害。

地下水：地下水活动会影响到滑坡、崩塌块体的稳定性，而地下水大多也来自降雨。地下水对滑坡的影响主要表现在以下几点。

当地下水充满块体周围界面时，水对块体有静水压力和浮托力；当地下水充满块体周围裂缝中时，流动的水对块体产生动水压力；地下水对岩土层裂缝内的充填物有软化作用，并在流动中将细颗粒带走，导致缝内充填物凝聚力降低。

地表水在滑坡、崩塌的发育中起着较为复杂的作用。主要表现在：由于降雨而产生的坡面径流会随着运动逐渐渗入坡体内，成为地下水；江、河、湖、海等地表水对岸坡有冲刷、淘蚀的作用，尤其是在正常高水位和最低水位之间的软质岩层，更易发生滑坡和崩塌；当横向环流对河流凹岸造成冲刷作用时，容易引发滑坡、崩塌；我国北方春融期的浮冰对岸坡塌岸有明显的促进作用；地表水体的水位升降与地下水位变化有直接的联系，从而对岸坡滑坡的发育起了促进作用。

地震：引发的滑坡往往规模庞大。

因为地震力对坡体的影响是双方面的，一方面是水平震动，另一方面是垂直震动。水平震动促进滑坡的发育，上下垂直振动致使坡体松散，从而引发滑坡、崩塌。例如，汶川地震诱发了许多规模巨大的滑坡、崩塌。其中北川县城滑坡和唐家山堰塞湖滑坡就是典型的实例。虽然降雨对滑坡和崩塌有所影响，但是诱发如此巨大规模的滑坡、崩塌仅依靠降

地震引发的滑坡

雨是无法完成的，这就是地震力起的作用。可见地震力对滑坡和崩塌发生的影响是何其巨大。

温度：温度变化对滑坡、崩塌的发育有特殊的作用。

各种矿物的膨胀系数和导热性有所不同，这些矿物共同构成的坡体地层引起的温度变化的热源也不同。有些温度变化是自然气候引起的，例如日温差变化、季节温差变化、年温差变化等，主要作用在坡体表面。而有些是自然能源引起的，例如

温度变化的作用

火山、地下煤层自燃等，这些热源主要作用在坡体内部。因为热源是多方面的，导致温度也不均匀，以至于坡体地层同时交错受到收缩应力和膨胀应力两个不同的力，故而加快了岩层的风化，对滑坡和崩塌的发育起到了推进作用；由于温度的变化，坡体上的块体出现热胀冷缩效应，致使长期呈现超坡下位移的总趋势；水对温度的变化反应敏感，在裂缝中温度较低，当温度下降到一定程度时，水变成冰，体积增大，造成膨胀力作用于裂缝壁，对坡体产生"冰劈作用"，故此加速了滑坡、崩塌的发育。

植被：植被对滑坡和崩塌的作用存在双重性。一方面它能用来防护、减缓灾害，用其粗大的树干给滑坡和崩塌物以阻碍，使之速度降低，缩短运动距离，根深

植被的双重性

的灌木和草还有固坡、防治表层滑坡的作用。另一方面会促进滑坡和崩塌发生，植物根系生长在裂缝中，将裂缝不断根劈扩大，加之根部分泌的有机酸能够分解矿物，故而致使其分裂，引发滑坡和崩塌的加速发育。

2.滑坡、崩塌发生的最佳斜坡

滑坡和崩塌在运动过程中都是由高至低、由上至下作下移或是下落运动的，所以，其发生的地形条件必须具有斜坡坡度、高度和斜坡几个基本形态。

（1）滑坡、崩塌发生的最佳斜坡坡度。

滑坡、崩塌的发生概率与斜坡坡度有密切关系。大致可分为以下四级。

斜坡坡度小于10°，属于滑坡少发地形。

斜坡坡度为10°～20°，属于滑坡多发地形。

斜坡坡度为20°～35°，属于滑坡极多发地形。

斜坡坡度大于35°，滑坡分布逐渐减少，而崩塌分布逐渐增多。

由此可见，坡度在21°～35°的地段上滑坡分布最广，所以将这个坡度定为滑坡发生的最佳坡度。

（2）滑坡、崩塌发生的最佳斜坡形态。

自然界的斜坡形态可以从两方面分析：斜坡横向形态和斜坡纵向形态。

斜坡横向形态：一般是指顺沟河延伸方向出现的凸形坡、凹形坡和顺直坡。除顺直坡比较稳定外，其余的两个坡形都不能避免滑坡和崩塌事件的发生。其中凸形坡较陡，容易引发崩塌和大规模滑坡灾害。如果是山嘴比较单薄，则只利于崩塌的发生。凹形坡大多是残留下来的滑坡体后壁，常常有地表水和地下水在此汇集。上面我们提到了地表水和地下水对滑坡、崩塌的作用，从而可知，凹形

坡也是滑坡的发育地段。

斜坡纵向形态：一般是指垂直于沟河延伸方向出现的阶梯状陡坡、缓坡—陡坡和直线状陡坡、陡坡—缓坡四种形态的坡形。中大型滑坡一般发育在阶梯状陡坡形和缓坡—陡坡形地段。此外，因为

凹形坡和凸形坡

缓坡—陡坡形中包括了很多沟源头沟掌地形，这种地形由于受到沟头溯源的影响，使得侵蚀严重，这也是经常引发滑坡的原因。崩塌易发生在缓坡—陡坡形地带。

河流宽谷属于陡坡—缓坡形地段，不易发生滑坡、崩塌事件。在冲沟的中游和上游一般多为直线状陡坡形地带，这种状态的斜坡一般没有大型的滑坡和崩塌事件，但到处可见小型残积滑坡和坡崩积碎石土滑坡，俗称"山剥皮"。

但如果出现横向的凸形坡与纵向的缓坡—陡坡形相接连的复合地形，则会形成引发大型滑坡和崩塌的最佳坡度。

（3）坡高的影响。

滑坡的规模与相对坡高也有以下联系。

相对坡高10米以下，一般不会发生滑坡。

相对坡高10～50米，易发生小型滑坡。

相对坡高50～100米，多发生中型滑坡。

相对坡高100米以上，易发生大型滑坡。

20米以上的斜坡发生滑坡和崩塌的概率最大，而且，随着坡度的加大，滑坡和崩塌的规模也会随之增加。因此，曲流的凹岸、冲沟沟壁、陡崖和高山峡谷段岸坡等都是滑坡、崩塌的多发地带。

坡高的影响

（4）有效临空面。

斜坡坡面又称临空面。有效临空面则是被结构面切割后的岩土体，有与母体脱离的危险并与临空面组合的危险斜坡。当然并不是所有的坡面都会转化为有效临空面，就算一个坡体处于一面临空、两面临空或三面临空状，但构不成危险的话，也不是有效临空面。

3.滑坡、崩塌形成的地层岩性条件

容易发生滑坡或崩塌的岩性具有以下特点。

坚硬但是很脆的岩体容易发生崩塌。

一些由巨厚层的沉积岩与下伏软弱层构成的高大坡体。

软弱底层容易遭风化，由软弱地层和坚硬底层共同形成的坡体会呈现出不稳的状态，导致崩塌和滑坡的发生。

岩浆岩构成的坡体岩层容易被切割、穿插，以致崩塌和滑坡的发生。

变质岩构成的坡体内节理和劈理及其发育容易引发滑坡和崩塌。

虽然能发育滑坡和崩塌的岩土物质很多，但并不代表所有的岩土物质都能产生滑坡和崩塌。通过调查和统计发现，能引发滑坡的岩土物质地层存在一定的局限性。

容易引发滑坡和崩塌的岩土物质地层除了其本身经常发生滑动外，它们的风化破碎产物和覆盖在它们之上的外来堆积层也极其不稳定，容易产生滑动，故而这些地层被称为"易滑岩组"。与易滑岩组相对，几乎不存在覆盖层滑坡，只有一部分基岩滑坡的地层，被称为"偶滑岩组"。除易滑岩组、偶滑岩组之外的岩组全部归为稳定岩组。

（1）易滑岩组。

易滑岩组又称易滑地层。这种岩性组合极易发生滑坡。但并不是所有的易滑岩组都已经发生了滑坡，有些只是具备所有易滑岩组的组成特性，但是不管是否已经发生过滑坡，只要具备其特性，便全部划归为易滑岩

页岩呈区域性分布

组。易滑岩组一般由呈区域性分布的黏性土、泥质粉、泥岩、泥灰岩、页岩、细沙岩、软弱岩、偶夹硬质岩地层、某些变质岩（千枚岩、片岩、板岩等）和富含泥质的岩浆岩组成。

自然界中，易滑岩组的易滑特性表现明显，其很大程度上是因为覆盖层滑坡的大量出现。因为在易滑岩组出露区内，覆盖层滑坡数量有时甚至大于易滑岩组本身的滑坡数量。

易滑岩组地层本身是软弱岩层、松散堆积物或者是硬质岩层夹

杂有软弱岩层。这些岩层抗风化能力差，很容易被风化成含有大量黏土、泥质颗粒的状态。一旦遇水，这些岩层中的黏土和泥质颗粒就会发生软化和泥化，形成极薄的黏粒层，抗剪强度会因此而急剧下降。这是因为黏粒中含有蒙脱石、水云母、绢

黏粒中的石墨

云母、石墨（或炭质）以及高岭石、绿泥石、滑石、石膏等黏土矿物，这些矿物易形成定向排列的薄层，对水的吸附能力很大，而且具有很强的胀缩性和崩解性。

（2）偶滑岩组（又称偶滑地层）。

由偶夹软弱岩的硬质岩组成的岩性组合被称为偶滑岩组，但硬质岩沿着某一薄层软弱岩夹层滑动的情况只是发生在偶然情况下，在硬质岩层内很难发生滑坡。

（3）稳定岩组。

稳定岩组可以说是很顽固的一种组合，顽固到这种岩性组合无论在何种情况下，其内部都不可能发生滑坡现象。但这种稳定岩组有时会跟随易滑岩组或偶滑岩组的顶面发生滑动，但这并不意味着稳定地层本身具备易滑特性。

4.降雨与滑坡的关系

在前面介绍滑坡形成条件时，我们曾介绍过降雨这一因素。由上可知，降雨是导致斜坡失稳最主要的触发因素之一。所以，在此我们对暴雨频次、降雨历时、降雨量、降雨的周期变化和雨型等方面对滑坡的影响作一些详细探讨。

（1）滑坡发生与暴雨频次和降雨周期的关系。

统计资料表明：在我国境内，暴雨与滑坡发生的频次最高的月份是7月，其中暴雨频次占总数的30％～44％，滑坡占统计总数的31％～35％。当然这是全国平均数，并不代表某个具体区域。例如，川北山地和甘南地区暴雨与滑坡次数最多的时候是8月，分别占总数的39％和57％；6月发生滑坡最多的是四川岷江的上游地区，占总数的31％等。

一个区域的降雨具有一定的规律性，这种规律性被称为降雨周期，分为月周期、年周期等，但统计滑坡的周期一般是以年来计算的。如果在同一个区域内的不同地点发生大量的滑坡，那么这属于较短的周期特征，一般持续时间在1～10年。若是同一区域内同一地点重复发生多次滑坡，则属于较长周期特征，一般至少会持续10年甚至几十年。前面我们也提到滑坡一般会发生在降雨中后时段，更多的滑坡会发生在降雨后，一般不超过10天。根据坡体组成物质的不同，滞后的时间长短也不尽相同。例如，堆积土形成的坡体滞后时间会短一些，而由基岩形成的坡体滞后时间比较长。并且同一个物质组成的坡体不同的厚度也会影响到滞后的时间，因为厚度高的坡体雨水渗透用时也会长，所以，厚度越高，发生滑坡的时间越滞后，反之则越短。

（2）滑坡发生与降雨总量和降雨强度的关系。

降雨型滑坡除了受降雨周期的影响，还受降雨量、降雨强度和降雨历时等因素影响。降雨导致滑坡的临界值要根据不同地区的具体情况而定。

调查统计发现：

累积降雨量在50～160毫米、日降雨量在20毫米以上，易引发小型浅层滑坡；累积降雨量在150毫米以上，日降雨量大于100毫米，会出现中等规模的滑坡；累积降雨量在200～350毫米以上，日降雨量大于100毫米，会产生大型和巨型滑坡，且易出现大量滑坡事件。

此外，同一规模不同类型的滑坡所需降雨量也不尽相同，例如，基岩滑坡比土层碎屑滑坡需要更大的降雨量。同一类型不同规模的滑坡越大，需要的降雨量也就越大。

（3）滑坡与降雨形式的关系。

暴雨型和久雨型对触发滑坡的降雨量有着非常明显的影响。暴雨型以暴雨和大暴雨为主，并与大雨和特大暴雨组合，形成一个持续时间为2~3天的连续降雨过程；久雨型以大雨、中雨为主，并与小雨和暴雨结合，历时6~10天，雨停时间间隔在2天以内。

暴雨型和久雨型在同样的地质地貌条件下，触发滑坡的日降雨量和累积降雨量存在着明显的差别。暴雨型触发滑坡的累积降雨量比久雨型低。

5.引发滑坡、崩塌的人为原因

滑坡和崩塌灾难的产生不仅来源于自然因素，某些不合理的人类活动也促使了滑坡和崩塌灾害的发育和发生。

常见不合理的人为因素有以下几种。

不合理的开挖工程是导致滑坡和崩塌的最常见因素。为了建造生活设施等，开挖施工时没有进行合理的考察，从而因为开挖破坏了山体或者坡体的平衡。

在自然界中，地震引发滑坡和崩塌的主要原因是地震力的作用，而人类用大量的炸药爆破，犹如人工制造地震，使边坡表部松动，引发滑坡和崩塌。

工业废水、筑坝拦水、水库和水渠渗漏、农田灌溉、城镇生活用水都可能引发滑坡，因为水渗入坡体后会软化岩土层，诱发滑坡。例如，四川省汉源县东沟昔达格地层滑坡发生的原因就是新开

开挖施工

稻田灌水渗漏引起的。

在坡体上堆积重物，使坡体负重加大，致使滑坡、崩塌灾害的发生。

大肆采矿，不注重管理而引发的崩塌和滑坡事件屡见不鲜。

乱砍滥伐导致水土严重流失，造成滑坡灾害。

综上所述，我们不难看出，对滑坡和崩塌的诱发，人类也有着不可忽视的作用。不注意坡体的水土保护，乱砍滥伐；不加强水渠、水库的堤坝管理，使水大量渗入山坡中，都是导致滑坡和崩塌的人为因素。

要注意的是，许多时候，自然因素的形成也是人为因素促成的。例如，为了工业的发展和获取高额的经济利润，对山体的开挖和矿物的乱采致使山体结构失去了原有的平衡。人们砍伐树木，改田耕种，不但造成了水土流失，还因为灌溉农田致使水下渗，对坡

炸药爆破

体产生作用，从而诱发滑坡和崩塌的发生。

　　滑坡已经慢慢逼近人类的生活圈子，如今城市中发生滑坡灾害的系数已经大幅度上升，且一次又一次地敲响警钟。不按照城市整体规划自行施工和城市开发建设过于迅猛等，都是造成城市发生滑坡的原因。

第九章 滑坡和崩塌的防治

一、滑坡的预防措施

1.什么时候最容易发生滑坡

一场大雨过后或持续的连绵阴雨天气期间。

地震期间。

每年春季融雪期。

在滑坡易发期，积极稳妥的预防工作非常重要，应充分做好减灾、救灾工作。

灾害预防

2.容易发生滑坡的山体特征

斜坡岩、斜坡土层在被各种地质构造面分离成不连续状态时，就有可能具备向下滑动的条件。

如果山坡上已经出现了明显的裂缝，并有加宽、加长现象时，就可能是发生滑坡的预兆。破碎、松散、风化强烈以及风化深厚的岩层较易发生滑坡。

150

泥岩

经过雨水的作用，山体性质易发生变化，如黄土、泥岩、板岩、页岩、凝灰岩等软硬相同的岩层易发生滑坡。

切忌忽略周围山体发生滑坡可能性的预兆，但也不要认为什么样的山体都可能发生滑坡。

3.滑坡来临前的征兆

滑坡到来前有许多前兆，及时发现滑坡前兆是成功避灾的前提。滑坡的预兆有以下几种。

滑坡前缘土体突然强烈上隆鼓胀。

滑坡前缘泉水流量突然异常。

滑坡地表池塘和水田突然下降或干涸。

滑坡后缘突然出现明显的弧形裂缝。

滑坡体运动速度的突然变化。

断流泉水突然复活，或泉水、井水水质浑浊甚至忽然干涸。

滑坡体后缘的裂缝扩张，有冷气或热气冒出。

有岩石开裂或被挤压的声音。

山坡上的建筑物变形，树木向一个方向倾斜，动物惊恐异常。

动物惊恐异常

4.滑坡前兆的具体表现形式

（1）山坡上有裂缝出现。

滑坡裂缝是随着滑坡形成的变化而变化的，是滑坡形成过程中一种非常重要的伴生现象，随着滑坡的不断发展，裂缝也会由短变长、由少变多、由断断续续到相互连贯。

土质滑坡后缘的裂缝张开比较明显，顺着山坡的水平延伸方向分布，裂缝带或裂缝的平面形态具有向山坡上部弧形凸出的特征；滑坡两侧的裂缝顺山坡倾斜方向延伸，大多数情况下比较平直并有水平错动的表现，如果有裂缝壁露出地表，上面通常可以见到水平错动留下的滑坡擦痕。

岩质滑坡、滑坡裂缝的组合形态和分布方向，通常受节理面和岩层面的影响而被复杂化，规律性表现得非常差。

出现地面裂缝，意味着山坡已经处于不稳定状态。水平扭动裂缝和弧形张开裂缝圈闭的范围就是可能发生滑坡的范围。

（2）山坡坡脚松脱或鼓胀。

少数情况下，受河流冲刷或人为开挖坡脚的影响，山坡下部会形成新的凌空面，使滑坡迹象首先在山坡坡脚处显现出来。常见现

坡脚松脱或鼓胀

象有以下两种。

如果滑坡前部存在阻挡滑动的阻滑带，受后部滑坡推挤，滑坡前缘的地面上会出现丘状鼓起，顶部常有放射状或张开的扇形裂缝分布。如果山坡坡脚发生丘状隆起，就存在推移式滑坡正在形成的可能。

斜坡前缘岩层或土体发生松脱垮塌，一般情况下，垮塌的土体比较湿润，垮塌的边界不断向坡上扩展。如果山坡坡脚先发生松脱垮塌，并且松脱垮塌范围不断向坡上发展，可能有牵引式滑坡正在形成。

（3）山坡的中上部发生沉陷现象。

当地面有较厚的近期人工填土或地下存在采空区、巷道、溶洞时，有时会由于填土自然压密或洞顶失稳导致地面沉陷，这种情况下，地面陷落必然与填土范围或地下采空区、巷道、溶洞有明显的关系。

经过调查分析得出结果，当山坡上出现的局部沉陷与填土范围或地下采空区、巷道、溶洞没有对应关系时，这种沉陷就很可能是即将发生滑坡的前兆。

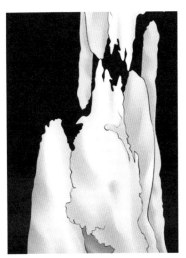

溶洞现象

自然或地下采空区、巷道、溶洞引发的地面塌陷，陷坑平面形态通常表现为椭圆形、圆形、条带形或其他形态。多数情况下，滑坡引起的地面沉陷，陷落带平面形态呈新月状，"月弦"位于下坡一侧。

（4）斜坡上建筑物变形。

斜坡变形程度不大时，在耕地和土质地面上不易被发现。相比之下，地坪、房屋、水渠、道路等人工构筑物却对其变形非常敏感。

如果发现各种建筑物相继发生变形，并且变形建筑物在空间分布上具有一定的规律性时，先要分析是否受到其他自然或人为因素的影响，如果排除了自然或人为因素的影响，就有可能是发生滑坡的前兆。

（5）井水、泉水的异常变化。

滑坡发展过程中，由于土层、含水岩层被错动，地下水水质和水量动态也会发生相应的变化。如果发现井水水位不稳定，忽高忽低或者干涸，蓄水池塘突然大量漏失，泉水水质突然变得浑浊，流量突然变大、变小甚至断流，原来干燥的地方突然出现泉水或渗水等现象时，也有可能是滑坡来临前的征兆。

并不是所有的异常都是滑坡来临的征兆，如地下工程施工时的排水活动也会导致局部地下水位下降，相应的井水流量、泉水或水位变化，这类变化就不属于滑坡前兆。

井水、泉水的异常变化

（6）地下发出异常的声响。

滑坡发展过程中会造成地下岩层剪断，巨大石块之间发生相互摩擦或推挤，可能会产生一些特殊的声响。当听到地下传出异常响声时，应该注意家畜、家禽是否有异常反应，动物对声音的感觉要比人类灵敏得多，它们往往能先于人类感知危险的逼近。

（7）滑坡地区的植被有何变化。

斜坡植被的变化也是判断滑坡的重要依据。不同的滑坡运动，其植被的变化也不同。

当斜坡发生过一次或数次剧烈滑动时，斜坡上的树木会出现东倒西歪的现象。

当斜坡缓慢地长时间发生滑动时，坡上的树木会朝坡上或坡下一侧弯曲或倾斜。这时候，一般树木都是成批地朝一个方向倾斜。当然，应该对滑坡先兆加以正确辨别，不要因为一棵树木的倾斜现象而慌乱。

树木成批的向一个方向倾斜

（8）各种前兆的相互印证。

不同环境下滑坡前兆出现的多少、延续时间的长短以及明显程度也各不相同。有些异常现象也可能是由于受到非滑坡因素的影响而出现的。因此，在判定滑坡发生的可能性时，要尽量排除非滑坡因素的影响，做到多种异常现象相互印证，才能做出正确的判断，进而采取针对性的防范措施。

如果已经出现异常现象但还无法判定是否会发生滑坡时，应该坚持"宁可信其有，不可信其无"的原则，积极采取避灾措施，然后再请专业人士来判断。

5.如何避免遭遇滑坡

（1）前期预防。

在滑坡多发季节和多发地区，不要在危岩下避雨、休息和穿行，也不要攀登危岩。

如果在夏汛时节去山区峡谷郊游，一定要事先收听天气预报，关注天气变化，不要在大雨后或连续阴雨天进入山区峡谷。

（2）外出旅游如何避免遭遇滑坡。

首先，要尽量避免在滑坡频发季节到滑坡多发地区旅游。

通过那些易发生滑坡的地区时，尽量选择在滑坡发生可能性最小的季节。

地质灾害预报也是很好的参考资料，多留意滑坡发生的前兆。

（3）野营时如何避免遭遇滑坡。

在滑坡易发季节，尽量避免在山坡宿营。

野营时避开陡峭的悬崖和沟壑。

野营时不要选择植被稀少的山坡。

非常潮湿的山坡也是滑坡可能发生的地区，在野营时要尽量远离这些地区。

不要在已出现裂缝的山坡游玩、宿营。

在雨季来临时不要进入滑坡多发区野营。

（4）如何抑制滑坡发展。

滑坡的发生是可以避免的，我们应该学习主动消除和抑制滑坡形成的因素或延缓滑坡的形成。

发现滑坡后，应立即向政府或地质灾害负责部门报告，以便上级部门尽快了解灾情，采取稳妥的方案或措施进行减灾、防灾工作。

野营时避开陡峭的悬崖和沟壑

地方政府应号召群众尽可能主动采取措施，如加固堤防、保护植被等，延缓或避免滑坡灾害的形成和发生。

使用填埋地面裂缝、把地下水和地表水引出可能发生滑坡区域等方法，可以提高斜坡的稳定性。

避免采取不正确的措施，加速滑坡灾害的形成和发展。

6.在容易发生滑坡的地区如何选择避难房屋

为了避免遭受严重损失，应认真地进行各方面检查。以下情况一定要注意。

检查房屋地下室的墙上是否有裂缝、裂纹现象。

观察房屋周围的电线杆或树木是否有向同一方向倾斜的现象。

观察房屋附近的柏油马路是否有变形情况。

7.滑坡来临前，如何提前做好必要的物资准备

在滑坡多发地区，居民平时就应注意滑坡的预防工作，并准备好相应的物资，防止滑坡突发时措手不及。根据当时的天气情况和各种滑坡预兆确定滑坡将要发生的时候，应在避灾场所预先做好必要的物资准备，做到有备无患。比如：

提前准备好雨具

选择安全妥善的避灾场所，并在避灾场所搭建临时住所。

及时迅速地将群众的财产和生活必需品转移到安全避灾场所，避免灾害对人民生命财产的危害。

根据实际情况，准备好必要的交通工具、检查好通信器材，保持和外界的通信畅通；准备常用药品；滑坡灾害常伴有恶劣天气的出现，要提早备好雨具、保暖衣物、照明器具等；准备充足的食品和干净的饮用水。

8.滑坡灾害多发区的建房要求

在滑坡多发区，为减免滑坡造成的危害，修建房屋时一定要注意选择安全的场所，这是防止滑坡灾害的重要措施。

选择稳定、坚固的场地建设村寨、房舍和各种建筑设施。

做好专门的地质灾害危险性评估，根据评估结果来选择村寨、房屋的位置。

在整体村寨规划建设中，民宅、学校等人员密集建筑物一定要避开地质灾害危险性评估指出的滑坡易发地。

9.滑坡地区如何正确开挖坡脚和堆放土石

违规开挖坡脚和堆放土石会造成严重的滑坡隐患。

在修路、建房、整地、挖沙、采石、取土时不能随意、盲目地施工，不要随意开挖坡脚，尤其是房屋的前后方。

开挖坡脚之前，应事先向专业技术人员进行咨询，或在其现场指导下进行开挖。

开挖坡脚后要采取及时砌筑挡土墙和预留排水孔等一系列保护山坡的措施。

不要在房屋上方的斜坡地段堆放土石，废弃土石量较大时，要选择专门的安全场地进行堆放。在斜坡上堆弃土石也易造成滑坡隐患。

禁止随意开挖坡脚，使山坡成为险坡，增加滑坡的发生概率和威胁。

10.防治滑坡的工程措施有哪些

消除或减轻水的危害、改变滑坡外形、设置抗滑坡建筑物和改善滑动带土石性质等，都是防治滑坡的工程措施。

具体包括：在滑坡体外设置截水沟，在滑体上的地表设置排水沟，做好引泉工程建设和滑坡区的绿化工作。

建设截水盲沟、支撑盲沟、盲洞、渗井、渗管，垂直钻孔。

修筑钢筋混凝土排管，铺设石笼。

用焙烧法、爆破灌浆法改善滑动带的土石性质。

11.强化减灾防灾意识，建立科学的灾害防御系统

防范滑坡灾害的发生，不仅要注意外界的客观先兆，还要充分调动群众的积极性和能动性，群策群力，及时做好防范措施，共同防灾、减灾。

及时清理疏浚河道，保持河道、沟渠的通畅。

滑坡地区的排水通道要保持畅通，可以根据具体情况砍伐临空面上部的危树和高大树木，减少灾害的威胁概率。

公路的陡坡应尽量地减小坡度，以防公路沿线崩塌、滑坡。

发动群众，积极配合相关技术人员对村寨、乡镇等存在安全隐患的地区进行严密排查，特别要对滑坡中的裂缝、泉水、水量变化等现象做好及时观测，进行群测群防。

避免沟道泥沙淤积、漂木阻塞沟口。

二、滑坡、崩塌灾害的预防措施

保护好、利用好山区的生态环境，维护斜坡的稳定，是每个山区人民的立足之本。预防滑坡、崩塌灾害的措施很多，要预防或减少山区农村滑坡、崩塌等灾害的发生，应注意以下几方面的问题。

1.学习防灾、减灾科普知识与技术

山区人民尤其是居住在斜坡上的村民，为了更好地保护自己的生命财产安全，应该掌握滑坡、崩塌等灾害的科普知识和减灾防灾技术。

各地政府应将减灾防灾的科普宣传列入主要工作日程，并由县级国土资源局制订出具体的应对方案。此外，应考虑将这些科普知识纳入中小学文化教育中，做到全民普及，增强全民的防灾意识。

各基层领导应该首先学习掌握滑坡、崩塌等灾害科普知识，掌握减灾防灾的一般技术与方法，并利用下乡的时间，对斜坡环境的安全问题进行巡视调查。

居住在斜坡上的广大村民也应主动参加减灾防灾科普知识的学习，并把这些知识应用到实际生活中。如学会在自家房前屋后调查

斜坡变形的方法和技术，如果发现房前屋后山坡已经出现拉张裂缝变形，应立即向上级（村、乡）报告，以便上级派专业人员来进一步调查、分析。

滑坡多发地的基层广播电视局应组织减灾防灾科普知识宣传教育的专题讲座或播放科普教育影片。专门从事减灾防灾的科技人员应多写一些有关减灾防灾的科普宣传教育材料，供广大山区农村在减灾防灾实际中应用。

2.在斜坡上进行道路、房屋建设时预防滑坡、崩塌的措施

在斜坡上开挖、建筑，如果设计施工不科学，滥挖乱建，很容易引起新的滑坡、崩塌。因此，在道路、房屋等建设施工之前都应进行实地勘测、设计。施工过程中要尽量避免引起新的小型滑坡、崩塌。具体措施有：

开挖边坡时应从上至下开挖，千万不能放炮震动。开挖的坡高和山坡的坡度斜率、山坡岩性都有一定的关系。

开挖边坡应该挑槽开挖、及时支护。土质边坡和强风化破碎岩石边坡开挖高度在2米以下时可不作支护，较完整的岩质边坡在5米以下的可不作支护，其他边坡都应作支护。尽量不要在老滑坡体上修建房屋和其他设施。如果道路的建设需要从老滑坡体前缘通过，应尽量绕避，不要开挖滑坡的坡脚。如果不得不进行开挖，一定要先对老滑坡进行稳定性评价，确认基本稳定后方可开挖，同时做好抗滑工程。

3.其他预防措施

严禁滥挖乱建、乱排乱放，以免造成斜坡的不稳定。对生产生活用水、生产废水与生活污水的排放做好防范措施，应从专门的管道排放。

密切关注斜坡上的渠道、蓄水池塘渗漏，如果发现渗漏，一定要及时修补堵漏。在斜坡上灌水、浇地，尽量不要用漫流灌溉，最好是推广喷灌。若灌溉斜坡上的稻田，应特别注意坡脚的渗漏，一旦出现渗漏，就要立即停止灌溉。坡度大于10°的斜坡不适宜耕种水稻田，最好改种旱地作物。

严禁乱排乱放

疏通房前屋后的排水系统，预防暴雨、洪水的冲刷造成堵塞。在沟边或河边进行房屋建筑时，切勿侵占沟、河的行洪断面，让沟、河可以畅通无阻。

雨季时要经常观察房前屋后斜坡的变形。每次大雨、暴雨或久雨时，要注意观察斜坡的开裂变形动向，若发现房前屋后斜坡有明显的拉张、开裂、变形，应及时向县、乡、村主管部门报告，请专业人员查看解决。

4.崩塌防治与危岩加固

危岩是崩塌前的岩体。危岩可演化成落石、滚石、掉块等，只要在其演化为崩塌之前做科学处置，就可以消弭其演变成崩塌的隐患。处置危岩方法有以下几种。

（1）清除危岩体。

已有拉裂变形的陡坡或陡

落石、滚石

崖称为危岩体。危岩
上已有松动状况的岩
块称为危岩松动体。
危岩的主要特征是岩
块松动和陡坡上的拉
裂变形。一旦出现了
危岩，首先要考虑的
工程措施就是以治本
为出发点，即清除危
岩体。因此，只要有

清除危岩体

条件，都要采取削方、清除危岩体的措施。

人工削方清除：如果危岩松动带只是岩体破碎而无大岩块的强风化岩层，就可以用人工削方的方法清除危岩松动带。首先，要逐层清除危岩松动带上缘，直至全部清除完危岩松动带为止。为求稳定，斜坡面在清除后最好呈阶梯状。土质边坡在45°以下，岩质边坡在60°以下为宜。

爆破碎裂清除：如果危岩体岩体坚硬、块体大，且没有房屋和其他地面易损建筑在它的前方，则可用爆破碎裂法清除。首先，仍是清除危岩松动带上缘，按照设计打炮孔，用炸药逐层将其碎裂后予以清除。爆破时炸药的药量要进行控制，同时，要避免飞石伤人损物，对施工人员和环境的安全要予以重视。

膨胀碎裂清除：如果有房屋和其他地面易损设施在危岩体的前方，可用膨胀碎裂法清除危岩松动带。其施工步骤为：在危岩松动带的上缘沿垂直或微斜向下的方向打若干炮孔，这些孔都用静态膨胀炸药装2/3孔深，用纯黏土填实密闭上部1/3孔深。膨胀炸药在吸湿后会剧烈膨胀、碎裂岩体，然后把碎裂的石块清除到指定位置即可。用这个方法把危岩体一层层地剥下去，危岩体清除后的新鲜斜

坡面也要呈阶梯形。

膨胀碎裂清除危岩松动带有许多优点，如施工简单、安全，对环境无明显影响等。但是，它也有一定的缺点，就是比前面两种清除方法投资略高。

（2）危岩体加固措施。

对有些已不适合用清除措施来处理的危岩体，可以考虑对其进行加固。现在，危岩支撑工程和预应力锚杆（索）加固工程是应用比较多的加固措施。

除边坡过陡外，危岩的成因还包括危岩脚是软弱地层或者含人工开挖的风化作用，使之形成倒"V"形——老虎嘴地形。

将倒"V"形上部的地层顶住（支撑），让其不再继续变形。可以用浆砌片石和混凝土支撑墩作为支撑的材料。在设计上对它没有特殊的要求，但对于以下几个方面应该予以注意。

支撑墩的形状不能千篇一律，要随地形而变。

施工清基时要清除倒"V"形内的浮土、碎石，但不能向里挖得太多，在基岩上放上支撑墩的全部基础。

为保证安全，需要进行分段挑槽开挖施工，在挖好一段之后应及时浆砌或灌注混凝土。

（3）预应力锚索（杆）加固工程。

如果岩体的脚部较好，风化成倒"V"形，而其上部却有开裂现象，则会有向临空方向倾倒的危险。在这种状况下，可以使用预应力锚索（杆）加固措施对危岩体进行加固。

预应力锚固体系是应用比较广泛的边坡加固工程，它是近几十年发展起来的新技术。该工程因为要进行较为复杂的设计，施工时还要运用专门的锚杆钻机，因此不太适宜推广应用于广大农村中。但如果有施工条件的乡村出现小型危岩体，在经过专家现场调查确定后，该技术还是可以应用的。

🔊 三、小型冲沟整治工程

在大雨或暴雨降临时，山区的小型冲沟会遭到严重的冲刷，容易引发坍塌和小型滑坡，甚至会因此使老滑坡复活。所以，对于乡村小型冲沟要结合实际情况，采取一定措施对其冲刷作用进行控制，保护、控制岸坡脚不受冲刷。

🖐 1.抬高河床，控制侵蚀的简易工程

抬高侵蚀基准面是防治小型冲沟下切冲刷的原理，抬高河床不但能够让河床的过快下切得到控制，而且对岸坡稳定也有一定帮助。修筑拦沙坝是常用的方法。拦沙坝有多种类型，根据结构的工程性能可分为三类，即柔性拦沙坝、钢性拦沙坝和生态结构拦沙坝。

针对乡村的实际情况，这里只介绍块石浆砌拦沙坝、钢筋石笼拦沙坝和活木桩林拦沙坝三种类型。

（1）块石浆砌拦沙坝。

块石浆砌拦沙坝的设计有许多方面要注意。

慎选坝址：有基岩出露的峡谷段是坝址的最佳选择地。有较大的库容存在于上游侧，在筑坝处要有埋深2米以内的河床基岩，两岸基岩最好有露出，而且，对于断层的强作用带要远远避开。

确定坝高：块石浆砌拦沙坝的高度决定着坝的功能。如果是为了控制河床下切，那么，通常可以将坝修得低一

块石浆砌拦沙坝

些，达到2~3米即可；如果是为了防治两岸出现坍滑或滑坡，那就应该将坝修筑得高一点，但通常不会超过10米，而且，在将其修好后，滑坡前缘滑动面剪出口最好低于沙层或回淤泥层高度2~3米。在乡村不太适合修筑高坝，因为投资太大。

设计坝基：对于坝基的设计，使其嵌入基岩0.6~1.0米是最好的。如果河床基岩埋藏得比较深，此段河床最大冲刷深度以下1米左右则是坝基嵌入的最佳位置，为了控制河床的下切，可在坝的下游5~10米处修筑附坝。

设计坝肩：对于坝肩的设计，将其嵌入沟河两岸坡内是最好的。倘若岸坡是岩质的，则应铲除岩层表部的强风化层，再把坝肩嵌入岩层中风化层内0.5米；倘若岸坡是土质的，坝肩则应嵌入岸坡内1.5~2.0米，同时，要把坝肩防护做好。

慎选坝址

设计拦沙坝顶宽、底宽：在拦沙坝修成的初期，山洪会对其进行冲击，几年以后，泥沙会淤满拦沙坝上游两侧，泥沙土层会对坝体产生推力。因此，必须通过验算坝体结构内力、抗滑稳定、抗倾覆稳性来确定拦沙坝的结构、坝顶宽和坝底宽。根据专家的经验，坝高为3米以下的拦沙坝，其顶宽、底宽可以不经过上述验算来确定。不算坝基高，坝高为3米的拦沙坝如有1米宽的坝顶和3米宽的坝底，且其上游侧应为坡率为1：0.65～1：0.7的斜面，下游侧为垂直面。坡高在3米以上的拦沙坝，都应该进行上述内容的验算后才能确定出其结构、坝顶宽和坝底宽。

（2）钢筋石笼拦沙坝。

钢筋石笼拦沙坝适用于沟床松散、沙砾石层较厚的拦沙坝建设，它容许一定的变形，属于柔性结构建筑物。这种拦沙坝是临时性建筑，因为钢筋只有8～10年的使用寿命。与钢筋石笼拦沙坝结

钢筋石笼拦沙坝

构类似的还有钢筋石笼、抗滑挡土墙结构。

钢筋石笼拦沙坝对坝高有一定的要求，通常为3米左右，最高不能超过5米，而对坝基的要求则不甚严格，因为它容许一定的变形。所以，坝基可以在河床最大冲刷深度以下0.5米处而不在基岩上建造，与块石浆砌拦沙坝相比，其顶宽、底宽应该要大一些。倘若此坝一直发挥着很好的效果，那么在经过3~5年以后，可以将拦沙坝的使用寿命延长，即修一个薄壳式块石浆砌拦沙坝在此坝下游侧，用锚杆灌浆的办法将其与旧墙紧紧连在一起，好对钢筋石笼拦沙坝进行保护，使该坝在8~10年后仍能很好地使用。

（3）活木桩林拦沙坝。

在以往的文献中，此种拦沙坝有不少出现在半干旱黄土高原区的小型冲沟中。

活木桩林拦沙坝的基本原理是在缓倾小冲沟内每隔15~20米埋入若干桩间距为0.3~0.5米的活木桩，使之形成梅花状排列的桩林。为了起到减速和滞水的作用，使粗泥、沙、石块淤积并形成拦沙坝，可在桩林内放置少量树枝。埋在沟道中的木桩最好是喜湿、适宜扦插移栽的活木桩，那样的话，一年之后，活木桩又会生根长枝，形成更为繁密的拦沙体。为了有效地控制冲沟下切，最好在一条小冲沟中连续做3~5道这样的拦沙坝。

半干旱气候，年降雨不大且基本无暴雨或大暴雨地区适宜修筑此类拦沙坝。经过3~5年，活木桩林就可以长得很好，也能够抵御较大洪水的冲刷。但是，如果桩林建好后遭遇太大的降雨，会在前两年就被冲坏。

沟床两岸及源头无大量大块石，以黏性土、沙土细粒为主的地区如黄土地区，也是此类拦沙坝的最佳运用地。否则，一旦遇到大洪水，活木桩林就会被大量块石撞击而受损甚至被破坏。

此法应与水土保持措施相配合，种植深根草、灌木于桩林之间，几年以后就会封闭整个沟道。出沟的水会因泥、沙全部被这类绿色桩林所滞留而变成清水流出，具有非常好的防灾效果。

2.护岸工程

护岸工程对防治乡村居民住地冲沟两岸滑塌有非常重要的意义。乡村许多小冲沟出现两岸垮塌甚至滑坡灾害，就是因为沟水的冲刷使其不断加深而造成的。护岸工程中适合乡村的有丁坝、浆砌块石防冲护坡工程、钢筋石笼防冲护坡工程、钢筋条石串防冲护坡工程、浆砌块石导流工程和钢筋石笼导流工程等简易工程。这里我们重点介绍钢筋条石串防冲护坡工程。

（1）钢筋条石串护坡的原理。

在一定规格的条石中心打孔后，用钢筋将其穿成一串，平放于顺岸坡方向，为了形成一个柔性护坡整体墙，防止洪水冲刷岸坡，可用钢筋把串与串焊接起来。当岸坡坡脚基础被冲刷而下沉时，它也会随之不断下沉，且不会破坏结构，可以照常发挥防冲护坡功能。

（2）适用条件。

这类工程适用于岸坡高限制在10米以下的乡村小型沟、河冲刷岸的防护。因为钢筋仅有8~10年的使用年限，本工程的使用年限也只有8~10年，因此，该工程是临时性防洪工程。倘若在3~5年后，此工程的护坡面破损不严重，且其基础下沉已趋于稳定，可用水泥、砂浆对破损沟缝进行修补，延长其使用寿命。

（3）设计和施工要点。

第一，详细调查需要防护的河岸或地区的地质和水文，同时，水文和过流断面洪水也必须进行计算。

第二，为了方便打制条石，应选择新鲜、抗风化的岩石。条石规格为50厘米长，30厘米宽，25厘米厚（高），要在其上、下面中

心垂直打孔，孔的直径应该比使用钢筋的直径略大一些。

第三，条石串的安装顺序是从基础至上逐串进行的。第一步，用直径6～8毫米的钢筋将条石串下端弯成螺旋扣，把它紧紧套在直径24毫米的轴心钢筋下端，之后采取点焊法将其锢紧；第二步，将打好孔的条石穿在轴心钢筋上，长边的方向要平行于河岸，按照此种方法一串串地把条石串穿好；第三步，用钢筋螺旋扣将条石串的上端紧紧套连在一起，之后也要采取点焊法将其紧锢起来；第四步，平放一层钢筋石笼在基础外侧顺河岸处，石笼长边的方向要垂直于河岸，并且将其平放，把条石串基础保护起来，以抵抗河水的冲刷；第五步，条石串上、下端要用干砌块石填实。

基础处理是护岸防冲工程的关键技术，而对基础岩土特性和水文特征的认识又是基础处理成败的关键。

第十章　滑坡发生时的应急措施

 一、滑坡发生时的自救

1.山体滑坡自救

　　遇到山体滑坡时一定要沉着冷静，不要慌乱。如果无法逃生时，可就地抱住树木等物。发生山体滑坡时要做到以下几点。

　　向与滑坡垂直的方向逃离，以最快的速度在周围寻找安全地带。

　　如果实在无法继续逃离，要迅速抱住身边的树木等固定物体。

　　遇到山体崩滑时，可以蹲在地沟、地坎里或者躲在结实的障碍物下。

水污染严重

　　一定要注意保护头部，可以利用身边的衣物把头裹住。

171

另外，水污染、排污系统的破裂和废墟中的尸体会引起疾病的传播，因此，滑坡发生后要掩埋所有人和动物的尸体。

2.驱车经过发生滑坡地区时

如果驱车从发生滑坡的地区经过，最好掉头找一条较为安全的路线行驶。如果必须经过滑坡发生地区，要注意路上随时可能出现的各种危险，如掉落的树枝、石头等。还要看清楚前方道路是否存在沟壑、塌方等，以免发生危险。总之一句话，严密观察，安全行驶。

二、滑坡发生后的注意事项

1.发生滑坡后我们应该怎么做

滑坡发生时，要做到以下几点。

迅速撤退到安全地带。

马上参与营救其他遇险者。

在滑坡危险期没过去之前，不要回到发生滑坡的地区居住，避免发生二次滑坡造成伤害。

滑坡停止后，不要立刻回家检查情况。如果自己家的房屋远离滑坡，确认安全后才可以回家。

2.如何选择临时避灾场所

防御滑坡灾害的最佳办法是提前搬迁到安全场所去。这样就要面临两个问题：什么时候搬迁，搬迁到什么场地才安全？

应搬迁到易滑坡两侧边界外围相对比较安全的场所，离原居住处越近越好，水、电、交通越方便越好，不要将避灾场地选在滑坡的上坡或下坡。

驱车经过滑坡地区

三、抢救人或物时的注意事项

在抢救被滑坡掩埋的人和物时，要掌握正确的救助方法，坚持以下原则。

将滑坡体后缘的水排开。

从滑坡体的侧面开始挖掘。不要从滑体下缘开挖，因为这样会使滑坡加快。

先救人，后救物。

第十一章 认识风灾

一、风灾概述

风灾是世界上最严重的自然灾害之一，包括台风、龙卷风和沙尘暴等。

风灾会给人们的生命财产带来巨大的威胁和损失。

例如，2008年5月2日，缅甸仰光遭受了百年不遇的强台风袭击，后果极其严重，粗壮的大树一半以上被连根拔起或者折断，房屋和公路被树木压垮、堵塞，水电、通信全无，从城镇到乡村一片狼藉。据缅甸国家电视台和广播电台公布的官方报道，有约5×10^9米^{2}地区遭受了洪水的侵袭，在这次台风灾难中丧生的人有8万多人，大多数遇难者是被伴随台风而来的洪水席卷而去的，还有数百万人无家可归。

2009年台风"莫拉克"导致我国500多人死亡，近200人

沙尘暴

失踪，46人受伤。我国台湾地区南部雨量超2000毫米，造成数百亿台币损失，大陆损失近百亿人民币。

2011年8月27日，飓风"艾琳"在美国北卡罗来纳州登陆，美国东海岸的10个州进入紧急状态，约230万居民被疏散，飓风"艾琳"最终导致至少40人死亡。

2012年8月29日，飓风"艾萨克"在美国路易斯安那州东南沿岸登陆，狂风夹杂着暴雨袭击了该州最大城市新奥尔良等地，造成近10万户家庭与商业单位断电。为应对本次飓风，美国墨西哥湾沿海地区的各级政府严阵以待，并对沿海或低洼地带数以千计的居民下达了紧急疏散令。

2012年10月24日、25日、26日，飓风"桑迪"袭击了古巴、多米尼加、牙买加、巴哈马、海地、美国等地，掀起巨大海浪，洪水泛滥，成千上万居民被迫撤离家园，很多村庄和房屋被洪水淹没，造成大量财产损失和人员伤亡。海地44人死亡，19人失踪，12人受伤；在古巴除造成11人丧生外，还给当地造成了21.21亿美元的经济损失；造成美国800多万家停电，至少109人死亡。

2013年6月27日~7月3日，强热带风暴"温比亚"在我国广东湛江市登陆，造成的直接经济损失超过10.81亿元。

各种各样的风灾带来的不仅仅是洪水，还有各种植物病虫害的传播，破坏农作物，毁坏果树，制造沙尘、海啸等灾难。

龙卷风虽然不及台风涉及的范围广阔，但是它的破坏力较之台风有过之而无不及。龙卷风是在极不

龙卷风

稳定的天气下，由空气强烈对流运动而产生的小范围空气涡旋，并由雷暴云底伸展至地面，形成漏斗状云（龙卷）产生的强烈旋风。来临时常伴有雷雨，有时还会伴有冰雹。龙卷风的水平范围很小，直径从几米到几百米不等，平均直径为250米左右，最大至1000米左右。风力可达12级以上，最大风速可超过100米/秒，极大风速每小时可达150千米～450千米。虽然龙卷风持续的时间不长，一般仅几分钟，长的时候有几十分钟，但造成的灾害极其严重，所到之处，大片庄稼、树木瞬间被毁，房屋倒塌，交通中断，人畜生命遭到威胁。

　　风灾给人类造成巨大的经济损失和人员伤亡，因此，我们要掌握风灾的基本知识，运用这些知识来预防和避免风灾造成的伤害。

1.台风概述

　　台风（或飓风）特指热带海洋发生的强烈热带气旋。世界各地对台风有不同的称呼，因为发生地点不同，叫法也不同。发生在北太平洋西部、国际日期变更线以西，包括中国南海范围内就叫台风；而发生在大西洋或北太平洋东部时，则被称为飓风。在印度洋和孟加拉湾称为热带风暴，在澳大利亚则称为热带气旋。换句话说，在菲律宾、中国、日本一带叫台风，在美国一带就叫飓风，南半球则称它为"气旋"。

　　热带气旋是发生在热带或副热带洋面上的低压涡旋，是一种强大而深厚的热带天气系统。像在流动江河中前进的涡旋一样，它能够一边围绕自己的中心急速旋转，一边随周围大气向前移动。热带气旋的气流受科氏力的影响而围绕着中心旋转。在北半球，热带气旋沿逆时针方向旋转，在南半球则沿顺时针方向旋转。气旋中心附近，气压最低，风力最大。发展强烈的热带气旋则不同，如台风，台风眼是一片风平浪静的晴空区。

热带海洋气候对热带气旋的强度差异影响很大，国际上以其中心附近的最大风力来确定强度并进行分类。

热带低压：热带气旋中心附近最大风力小于8级。

热带风暴：热带气旋中心附近最大风力为8级或9级。

强热带风暴：热带气旋中心附近最大风力为10级或11级。

台风：热带气旋中心附近最大风力为12级或以上才被称为台风。

世界上平均每年都会发生80～100次台风，大多数都发生在太平洋和大西洋上。经统计发现，西太平洋台风的发生主要集中在以下四个地区。

（1）菲律宾群岛以东附近海面。

这一带是西北太平洋台风多发地区，全年几乎任何时候都有台风发生。1～6月出现在北纬15°以南的菲律宾萨马岛和棉兰老岛以东的附近海面；6月以后由此区域向北伸展；9月又向南移到吕宋岛以东附近海面；10～12月又移到菲律宾以东的北纬15°以南的海面上。

（2）关岛以东的马里亚纳群岛附近。

群岛四周海面的台风多发季节在7～10月，5月以前很少，6月、11月和12月则主要发生在群岛以南附近海面上。

（3）马绍尔群岛附近海面。

台风多集中在该群岛

关岛以东的马里亚纳群岛

的西北部和北部。10月最为频繁，1～6月则少有台风生成。

（4）我国南海的中北部海面。

受我国气候影响，6～9月为台风的多发季节，1～4月则少有发生，5月逐渐增多，10～12月又减少，发生规律呈抛物线状，但发生地点比较集中，多发生在北纬15°以南的北部海面上。

台风是一种破坏力很强的灾害性天气系统，其强大的危害性主要表现在以下三个方面。

大风：台风中心附近最大风力一般为8级以上。

暴雨：台风的发生都会伴随暴雨的出现，台风经过的地区一般能产生150～300毫米的强降雨，少数台风能产生1000毫米以上的特大暴雨。

风暴潮：台风的发生会使得其发生地区的海水水位上升，近几年的数场台风使我国江苏省沿海最大增水达到3米，超过历史最高潮位，严重威胁到了人民群众的生命与财产安全。

2.台风的形成

（1）台风的成因。

关于台风的成因，至今仍无一个确定的说法，我们只能推测它是由热带大气内的扰动发展而来的。每逢夏季，太阳直射区域从赤道向北移，致使南半球的东南信风越过赤道转向成西南季风侵入北半球，和原来北半球的东北信风相遇，压迫空气上升，增加对流作用，又因西南季风和东北信风方向不同，相遇时常造成波动和旋涡。这种西南季风和东北信风相遇所造成的复合作用，加之原来的对流作用持续不断，使已形成的低气压旋涡继续加深，也就是使四周空气加快向旋涡中心流，流入越快，其风速就越大；当近地面最大风速达到或超过17.2米/秒时，就称之为台风。

热带海洋的海面上经常有许多弱小的热带涡旋，这是形成台风的"胚胎"，台风就是从这种弱的热带涡旋发展成长起来的。通过气象卫星已经查明，在洋面上出现的大量热带涡旋中约有1/10会发展成台风。

（2）台风形成的基本条件。

台风的形成要有足够广阔的热带洋面，这个洋面不仅要求海水表面温度高于26.5℃，而且在60米深的海水层里，水温都要高于26.5℃。其中，广阔的洋面是形成台风必要的自然条件，台风内部空气分子之间互相摩擦，每平方厘米每天平均要消耗的能量为12 976～16 743焦，这么巨大的能量只有广阔的热带海洋释放出的潜热才可能供应。另外，热带气旋周围旋转的强风会造成中心附近海水的翻涌，海洋表面向上涌起，继而又向四周散开，海水也就从台风中心向四周翻腾。这种海水翻腾现象能影响到60米的深度。在海水温度低于26.5℃的海面上，热能不够，台风很难维持。为了确保在这种翻腾作用过程中海面温度始终在26.5℃以上，必须有60米左右深度的暖水层。

台风形成之前，一定会有一个弱的热带涡旋存在。就如同机器的运转需要消耗能量一样，台风也是一部

台风形成的过程

"热机",可以自己制造能量来源。它以巨大的规模和速度转动,要消耗大量的能量,这个能量来自热带海洋上的水汽。在一个事先已经存在的热带涡旋内,当气压比四周低的时候,周围的空气流向涡旋中心挟带着大量的水汽,在涡旋区内向上运动;湿空气上升,水汽凝结,释放出巨大的凝结潜热,促使台风运转。即使有了高温高湿的热带洋面供应水汽,如果没有空气强烈上升,产生凝结释放潜热的过程,台风也不可能形成。因此,生成和维持台风的一个重要因素是空气的上升运动;一个弱的热带涡旋则是台风形成的必要条件。

要有足够大的地球自转偏向力。地球赤道的地转偏向力为零,越向两极则越渐增大,故台风发生地点在大约离赤道5个纬度以上的洋面上。地球的自转产生了一个使空气流向改变的力,称为"地球自转偏向力"。地球自转的作用使周围空气很难直接流进低气压,而是沿着低气压的中心作逆时针方向旋转(在北半球)。

在弱低压上方,高低空之间的风速风向差别较小。在这种情况下,上下空气柱一致行动,高层空气中热量容易积聚而增暖。气旋一旦生成,在摩擦层以上的环境气流将沿等压线流动,高层增暖作用也就能进一步完成。在北纬20°以北地区,气候条件已经发生了变化,高层风变大,不利于增暖,不易出现台风。

3.台风的生命史

台风从形成、发展到最后消亡的全过程即为台风的生命史。通常可以分为四个时期。

(1)形成期。

由最初形成低压环流到强度达到热带风暴(近中心的最大风力为8~9级)。

（2）发展期。

强度继续增大，持续至中心气压达到最低值，使得近中心的最大风力达到最大值。

（3）成熟期。

中心强度、中心气压和风力都不再增长，大风区和雨区却还在逐渐扩大，直到大风区范围达到最大。

（4）衰亡期。

热带气旋产生和维持条件发生改变时，热带气旋逐渐减弱和消亡而转变为温带气旋。

热带气旋的消亡通常有三种情况。第一种，热带气旋登陆后，由于水汽供应量减少，能量来源枯竭，同时由于陆地摩擦作用，迅速减弱直至，最后完全消失。但是其中有一部分台风在近海地区登陆后能重新入海，在海上再度补充能量而得以加强。第二种，热带气旋进入中高纬度时，一般会有冷空气侵入，这时候，热带气旋不再是单一的暖空气了，而逐渐形成冷暖风，转变为温带气旋。第三种，热带气旋范围内大量降水。大量的降水过程就是热带气旋释放能量的过程，能量释放完了，热带气旋也就随之减弱消亡了。

热带气旋的生命期（从形成闭合环流起直到消失或转变为温带气旋止）一般为3~8天，最长的有20天以上的，最短的为1~2天。通常夏秋季较长，冬春季较短。

4.台风的危害

台风灾害是最严重的自然灾害，其发生的频率远高于地震灾害，因此，台风所造成的累积损失也远远高于地震灾害。1991年4月，在孟加拉国登陆的台风使13.9万人丧生。我国是世界上受台风危害严重的国家之一，近年来，因为台风而造成的损失每年都在100亿元人民币以上，有些猛烈的台风一次造成的损失就超过100亿

洪水淹没道路

元人民币，如9417号和9615号台风。

台风在海上行进时，会掀起巨浪，并伴有狂风暴雨，对航行的船只造成极大威胁。当台风登陆时，狂风暴雨会给陆地造成巨大灾难，特别是对农业、建筑物的危害最大。

台风主要有以下几种危害。

（1）暴雨。

摧毁农作物，使低洼地区受淹。

（2）暴风。

摧毁房屋建筑、中断电力通信、毁坏农田作物等。

（3）盐风。

含有大量盐分的海风导致农作物枯死、电路漏电等。

（4）焚风。

常出现在山脉背风坡，高温低湿，使农作物枯萎。

（5）洪水。

河水高涨冲决河堤，淹没道路，毁损农田、房屋建筑等。

（6）巨浪。

浪高可达20米，使船只颠覆沉没，摧毁海堤码头。

（7）暴潮。

暴风使海面倾斜，同时低气压使海面升高，会出现海水倒灌现象，淹没沿岸陆地。

（8）地质灾害。

风、雨、洪水引发山洪、滑坡、泥石流等。

（9）疫病。

水灾后常因水源污染引发消化道传染病。

被掀起的巨浪

2005年台风"麦莎"来临时,波及江苏8个省辖市的75个县(市、区),全省受灾人口达543万人;因灾紧急转移安置18.8万多人;房屋倒塌9351间,其中倒塌民房3165间;损坏房屋23 743间;农作物受灾面积39万公顷,成灾面积22万公顷,绝收面积8462公顷;灾害造成的直接经济损失达12亿元。

2008年第1号台风"浣熊"是新中国成立以来第一个4月份登陆我国的台风,导致华南至少5人死亡和失踪,经济损失巨大。广东的一个水库因蓄水过多而溃坝,基础设施破坏严重,造成华南历史上4月份最为严重的洪涝灾害,降水量破历史同期纪录。

2009年台风"莫拉克"造成我国500多人死亡,近200人失踪,46人受伤。我国台湾地区南部雨量超过2000毫米,损失数百亿台币,大陆损失近百亿人民币。

2010年的11号台风"凡亚比"9月19日从花莲登陆,造成我国台湾地区南部暴雨成灾,导致人员伤亡和基础设施严重损毁以及工农业损失。20日早晨在福建二次登陆,狂风暴雨给福建和广东也造成了严重的灾情。

2013年,台风"西马仑"于7月15日~18日袭击中国大陆及台湾地区,造成1人死亡1人失踪,经济损失达2.53亿美元。

 三、龙卷风

1.龙卷风概述

龙卷风也叫龙卷,它还有很多形象的别名,如"龙吸水""龙摆尾""倒挂龙"等。

龙卷风是一种高速旋转的漏斗状云柱的强风涡旋。它是破坏力最强的小尺度天气系统,也就是水平范围较小、生命期较短的天气系统。其靠近地面部分的直径范围最小达几米,最高可达几千米以

强大的水龙卷

上，一般都有数百米直径。龙卷中的风是气旋性的，一般在北半球作逆时针旋转，在南半球则作顺时针旋转。龙卷风的强烈风速来自龙卷自身内部的低气压与周围同一高度气压的巨大气压差，形成一般估计为50～150米/秒的龙卷风速，最大值可达200米/秒。产生龙卷的积雨云也就是母云的移动决定了龙卷的移向和移速。母云的移速通常为40千米～50千米/小时，最快能达到90～100千米/小时。其移动路径多为直线，一般只有数千米，有时也达几十千米。

龙卷风出现的同时还会有一个或数个"象鼻"状的漏斗形云柱从云底向下伸展。漏斗状云柱形成的重要原因是龙卷风内部空气非常稀薄，导致温度急剧下降，促使水汽迅速凝结。漏斗状云柱的直径平均为25米左右。

龙卷风出现时还会伴有狂风、暴雨、雷电或冰雹天气。龙卷风有很大的吸力作用，经过水面，能把海（湖）水吸离水平面，形成水柱，同云相接，俗称"龙取水"；经过陆地，能把房屋推倒，大

树连根拔起，甚至把人、畜和
杂物吸卷到空中，带往几百乃
至几千米以外的地方。

当漏斗云伸展至陆地表
面时，大量沙尘被吸到空中形
成尘柱，称为陆龙卷；当漏斗
云伸到水面时，能吸起高大水
柱，称为水龙卷。一般水龙卷
持续的时间比陆龙卷长，但威

成块的冰雹

力较小。原因是水面与空气的温差比陆地与空气的温差小，无法形
成强烈的上升气流。此外，从火山爆发和大火灾产生的烟和水蒸气
中也可以产生龙卷风，这种龙卷风被称为火龙卷或烟龙卷。沙漠地
区还可能出现一种尘卷风，与陆龙卷或水龙卷从云层中旋转而下的
方式不同，它是由热空气柱从地面旋转而上形成的。尘卷风也会造
成灾难，但它的破坏力比龙卷风小得多。

2.龙卷风的特点

龙卷风多发生在夏季雷雨天气时，尤其是下午到傍晚的时间。
主要有以下特点。

（1）袭击范围小。

龙卷风的直径平均为200～300米，直径最小的只有几十米，最
大可达1000米以上，但极为少见。其影响范围从几米到几十米，有
时也会出现影响上百米乃至上千米的情况。

（2）寿命短促。

龙卷风奔袭而来，看到它的人有时甚至来不及拿出相机按动快
门，它就已经过去了。通常情况下，龙卷风从生成到消失不过几分
钟的时间，最长也不过几个小时。如果出现的龙卷风较小，则其寿

命更为短促，一般只有10～15分钟，最长也不会超过50～60分钟。

（3）出现的随机性大。

龙卷风的发生很突然，瞬息即至、转眼消失，所以目前气象部门还不能对龙卷风做准确的预报，只能利用气象雷达，通过对雷暴积雨云的监视，以判断在某一地区产生龙卷风的可能性。

龙卷风通常在北半球作逆时针旋转，在南半球作顺时针旋转，但也有例外的情况出现。现在还没有研究出龙卷风形成的确切机理，一般认为和大气的剧烈活动有关。

（4）中心气压极低。

一个标准大气压是101.3千帕，但龙卷风中心的气压可以低到40千帕甚至20千帕。内外气压差使龙卷风形成巨大的吸力，龙卷风所到之处，其所触及的水和沙尘、树木、人、畜等都能被吸卷而起。

我们可以把龙卷风想象成一杯茶水，用一根细棍在茶杯里快速搅动，中间就会形成一个旋涡，此时中心气压低于周围气压，周围的茶叶随着气旋流向茶杯中间水涡中，然后向上升，这就是龙卷风吸入周围物体的原理所在。

（5）风力巨大，破坏力极强。

龙卷风所过之处，能把树木、汽车、铁轨、轮船及建筑物等抛起、掀翻甚至摧毁。龙卷风中心附近的风速可达100～200米/秒。

（6）蕴含的能量巨大。

当龙卷风的漏斗状旋涡直径为200米时，其旋流功率可达3万兆瓦，相当于10座大型水电站的总电量。

龙卷风发生突然、过程极短、能量巨大、破坏力极强，监测预警和防御的难度很大，往往会造成灾难性的损失。

3.龙卷风的形成条件

龙卷风的形成需要以下三个必要条件。

空气湿润且非常不稳定。

在不稳定空气中形成塔状积雨云。

高空风与低空风方向相反，从而产生风切变将上升的空气移走。

这些都是很容易就能形成的条件，三者齐备也并不困难，尤其是在北美地区。但三个条件同时出现也并不意味着一定会产生龙卷风，只能说明存在龙卷风发生的可能性。

龙卷风最常产生于强烈的积雨云中，这是因为积雨云内有强烈的上升气流和下沉气流。这种上升下沉气流之间会形成涡旋运动，条件成熟以后则形成涡环。涡环足够长并开始从积雨云内下垂时，就会形成具有强大破坏力的龙卷风。从云中伸向地面的过程中，多数龙卷风还未着地就已经消失，然而一旦触及地面上受灾的客体，就会产生极大的破坏力。

龙卷风是云层中雷暴的产物。也就是说，龙卷风就是雷暴巨大能量中的一小部分在很小的区域内集中释放的一种形式，其形成过程可以分为4个阶段。

龙卷风

龙卷风的形成

大气的不稳定性产生强烈的上升气流，而且它会在最大过境气流的影响下进一步加强。

与切变风相互作用后，上升气流在对流层的中部开始旋转，形成中尺度气旋。

中尺度气旋分别向地面和天空伸展，在伸展过程中，它本身变细、增强，同时会在气旋内部形成一个小面积的初生龙卷，与产生气旋的过程一样形成龙卷核心。

龙卷核心的旋转与上述中尺度气旋不同，它的强度高到足以使龙卷一直伸展到地面。当发展的涡旋到达地面时，地面气压急剧下降，地面风速急剧上升，从而形成龙卷风。

4.龙卷风的危害

人们形容龙卷风是"上帝的愤怒"，龙卷风的破坏力惊人，具体表现如下。

龙卷风有可能吹倒建筑物、高空设施，造成人员伤亡。如各类

龙卷风的破坏力惊人

危旧住房、厂房、工棚、路灯、广告牌、铁塔等的倒塌。

龙卷风会吹落高空物品，很容易造成砸死、砸伤事故。如阳台的花盆、雨篷、太阳能热水器、空调室外机、各种屋顶杂物以及建筑工地上高处散放的重物、工具、建筑材料等。

强风容易引发人员伤亡。如强风吹碎门窗玻璃、幕墙玻璃等，玻璃飞溅造成人员死伤；行人在高处或桥上、水边被吹倒后摔死、摔伤或溺水；公路上行驶的车辆，特别是在高速公路上高速驾驶的车辆被吹翻后造成人员伤亡。

龙卷风的危害

气象预报只能对龙卷风的来临发布警报，对其猛烈程度还不能做出准确预测，只能根据各种天气状况猜测龙卷风的发生概率。"藤田"龙卷风强度等级划分是按龙卷风的速度以及所造成的破坏程度为依据，这种方法也只能做事后评估，然后判定它们的等级。所以，在龙卷风真正到来之前，没有人能预料到它们究竟会拔起多少大树，掀翻多少屋顶，是否会将坚固的房屋夷为平地，把汽车像玩具一样抛到远处。

造成危害与破坏的主要原因是龙卷风的风力能量、造成飞旋的外物碎屑和极低的中心气压形成的强大吸力。

如果龙卷风只是猛烈地冲击房屋的一侧，该侧所承受的力量大约为10吨。这样巨大的力量足以将房屋的这一侧击得粉碎，由此形成一个龙卷风更易肆虐侵袭的缺口。龙卷风开始旋转着各方用力，在移动过程中不断地变换方向。这样一来，房屋可能会同时遭受来自各方的风力猛烈冲击，瞬间粉身碎骨也就不足为奇了。

龙卷风中飞旋的碎屑对物体造成的破坏不亚于直接的风力攻击，大多数的伤害都是由此产生的。龙卷风的漏斗本身很狭窄，但围绕龙卷风核心旋转的风力巨大，所到之处一切都被破坏，从而形成大量不规则的固体碎片。它们开始在涡旋周围高

一根松树棍穿透一块1厘米厚的钢板

速转动，碎片的动量超过向心力时，碎片会飞散出漏斗外，每一片都沿旋涡的切线做直线运动，像许多高速飞出的子弹一样。碎屑通常很小，但在高速运动下能量巨大、破坏力惊人，比大的物体危险得多。龙卷风过后，可能留下这样一幅场景：一根松树棍穿透一块1厘米厚的钢板；一根细草茎刺穿一块厚木板；一张扑克牌竟像被锤子钉过的钉子一样深深地嵌入木头中。

龙卷风内部的空气很稀薄、压力很低，使得龙卷风像一只巨大的吸尘器，把行进路线中的一切都吸进它的"漏斗"里，直到风势减弱变小或随龙卷风内的下沉气流下沉时，再把吸进的东西抛下来。当它经过门窗紧闭的房屋附近时，使房屋产生极为悬殊的内大外小气压差，房屋的屋顶和四壁受到由里向外的巨大作用力。这种

突然施加的内力就像在房子里面扔了一颗大炸弹一样，屋顶被掀掉，四壁塌陷。

龙卷风的预报技术在不断提高，我们也掌握了很多龙卷风发生时如何有效地避灾防灾的知识，这使得我们所受的风灾伤害较之以前大大减少。但是因为龙卷风的不可预测和突发性，其巨大能量造成的严重破坏仍使受伤人数和财产损失居高不下。在美国，龙卷风造成的财产损失仍然呈逐年上升的趋势，其每年造成的死亡人数仅次于雷电。

1999年5月27日，美国德克萨斯州中部的4个县市遭受特大龙卷风袭击，造成至少32人死亡，数十人受伤。距此约64千米以外的贾雷尔镇有30多人丧生，50多所房屋倒塌，破坏范围长达1600米，宽183米。同年5月13日迈阿密市也发生过一次龙卷风袭击。

2008年2月5日深夜到6日凌晨，短短几个小时内，美国南部多个州同时受到近70股龙卷风夹着雷暴袭击，造成至少55人死亡，数百人受伤，这是美国近年来最为严重的一次龙卷风。遭遇袭击的地区包括田纳西州、肯塔基州、阿肯色州和密西西比州等。暴风雨来势迅猛、狂风肆虐，购物中心的屋顶被整个掀开，仓库被撕裂捣碎，校园的宿舍楼被推倒。

购物中心的屋顶被整个掀开

国际学者将破坏力最强的顶级龙卷风形象地称为"上帝之指"，比喻只有上帝用手指搅动世间，才能产生如此强悍的力量。2007年7月3日16时57分，我国安徽东部一个小城市也出现过一次"上帝之指"的搅动，20分钟之内，即出现一条宽约200米、长约20千米的"人间地狱"。此次龙卷风造成7人死亡，98人受伤，700多间房屋倒塌，电力、通信、水利设施全部中断，农田严重受损，直接经济损失达3000余万元。同年8月18日夜，受台风"圣帕"外围影响，我国浙江省温州市苍南县龙港镇长8000米、宽800米范围遭遇龙卷风袭击，造成11人死亡，60余人受伤，156间房屋倒塌。

龙卷风的袭击迅速而猛烈，它对地面建筑的破坏经常是毁灭性的。在强龙卷风的袭击下，房子屋顶会像风筝般飘飞在空中。一旦屋顶被卷走，房子的其他部分也会随之分崩离析。因此，建筑房屋时，加强屋顶的稳固性，尽可能避免龙卷风过境时造成巨大损失。

四、沙尘暴

1.沙尘暴概述

沙尘暴也是风灾的一种，近年来我们不但越来越多地听到这个名字，也感受到了它的威力。它如同一头伺机扑食的猛兽，一瞬间，它就化身为10米/秒以上的大风，在狂风中沙石迸飞，空气能见度急剧减小。这头"猛兽"往往给人们的生命

沙尘暴

财产造成重大损失，并且对交通、建筑设施、工农业生产和生态环境等方面的影响也极为严重。例如，民航客运停飞，火车、汽车晚点，工厂、农业停工、停产等。伴随沙尘暴而来的大风本身破坏力也极为强大，会导致建筑、公用设施、电力工程的毁损等。

2.沙尘暴的形成

沙尘天气的形成有三个要素，一是地表有丰富的沙尘源，一旦有风，便能卷起沙尘；二是气温回升速度过快，导致地表温度过高，高空一旦有冷空气经过，便可与地面形成冷热对流，从而将地面的沙尘带入高空；三是强劲的风力过程，这是将我国西北的沙尘吹入东部地区的搬运动力。

沙尘天气分为扬沙、沙尘暴、浮尘三类，是天、地、人共同运动的产物。在北方，沙尘天气出现的季节一般都在春季。扬沙指的是地面沙尘被风吹起后致使空气相当浑浊，且水平能见度在1～10千米以内的灾害天气；沙尘暴指的是地面沙尘被强风吹起后致使空气相当混浊，且水平能见度在1000米以内的灾害天气；浮尘指的是由于本地或附近在经历扬沙或沙尘暴后，使得沙或土壤颗粒悬浮在大气中，且水平能见度在10千米以内的灾害天气。扬沙与沙尘暴的共同特点是能见度明显下降，它们的形成都是因为本地或者是附近的沙尘被风吹起而造成的。当它们出现时，人们就会看见天空浑浊一片，漫天黄沙。在北京，气象部门如遇有沙尘天气且能见度在500米以内时，就会发布沙尘暴警报。

沙尘暴天气是在特定的下垫面和地理环境条件下，由特定的大尺度环流背景与各种天气系统叠加在一起诱发产生的一种小概率、大危害的灾害性天气，它是风与沙相互作用的结果。它的形成受多种因素的影响，如森林锐减、植被破坏、物种灭绝、气候异常、地球温室效应、厄尔尼诺现象

沙尘天气

等，但绝对是以荒漠化为基础、气象因子为条件的。沙尘暴天气除了会造成直接的损失和危害外，还会对大气能见度、气候学效应、大气光学特性、地气辐射平衡等自然生态环境产生破坏，所以，沙尘暴已经成为一种不可忽视的气候和生态环境问题。

沙尘暴过于频繁、规模过于庞大的主要原因是过量砍伐森林、过度开垦土地、过度开发自然资源等。经过多年的观察研究，我国专家根据沙尘天气的形成规律，确定了我国沙尘天气的四大发源地：甘肃河西走廊及内蒙古阿拉善盟；内蒙古阴山北坡及浑善达克沙地毗邻地区；新疆塔克拉玛干沙漠周边地区；蒙陕宁长城沿线。其中，甘肃河西走廊和内蒙古阿拉善盟发生的沙尘天气除了危害周边地区外，还会影响东北、华北甚至黄河、长江中下游地区，是强度最大的沙尘暴策源地。

3.沙尘暴的危害

沙尘暴有较多的直接危害类型，大体可归纳为沙埋、风蚀、大风袭击和降温霜冻四种。

（1）沙埋。

沙尘暴的移动可用排山倒海来形容。在狂风的驱动下，它的下层沙尘粒以滚滚之势向前移动，当遇到障碍或风力减弱时，就会有大量沙尘落到地面，形成沙瓣、沙堆和沙丘，将农田、村庄、工矿、铁路、公路、水源等埋压起来。其中，铁路被沙埋造成的列车脱轨现象时有发生，致使铁路停运修复，有时长达半个月之久。

绿洲内外与戈壁风沙入侵地段和沙漠、沙片相毗邻的狭长地带，沙漠新垦区、地矿资源开发的沙砾质戈壁区是这种沙尘暴危害的主要发生地区。

农田在经历过一场沙尘暴后，通常有5～20厘米的覆沙厚度。有时会有新月形沙丘形成；垦区的斗、农、毛渠有普遍的积沙现

象；流沙在有的地段甚至溢出了渠岸。如昔日的阿拉善盟腾格里沙漠边缘的草场，在经历了沙尘暴的多次侵害后，造成严重的沙埋现象，已成为流动、半流动沙地。这种现象是产生荒漠化的一条主要途径。

（2）风蚀沙割。

土地表面物质被风力吹蚀；建筑物、农作物的表面被大风吹起来的沙砾磨去一层，称为磨蚀。这两种情况都属于风蚀作用。

风蚀会使肥沃的土壤变得贫瘠，这是因为它不仅刮跑了土壤里细腻的有机物质和黏土矿物质，而且还在土壤表层堆积了细沙，令其无法耕种，沙化土地面积不断扩大。因此，造成土地沙化的一个罪魁祸首就是沙尘暴。

林网的网格过大、林网不完善的空旷农田特别是沿林网外边新开垦的农田等沙质土壤地区，是风蚀沙割的主要发生地。在大风侵蚀土壤时，庄稼禾苗、树木也会受到沙子的割打。有些作物最不耐

沙尘暴经过绿洲

风蚀沙割，如蔬菜、瓜类、棉花、小茴香等双子叶植物。春季正是这些作物出苗发叶的时节，且此时地表裸露，苗幼叶嫩，沙尘暴却又常常发生在这个季节，所以，作物受害最为严重，有时甚至难以恢复。因此，在风蚀灾害未得到控制之前，这些地区只能改种其他作物。

（3）大风袭击。

沙尘暴在经过绿洲尤其是林网化绿洲时，沙源将无法得到补充，风沙流也无法再活动于近地面，此时它已成为尘暴，这种情况的危害等同于狂风袭击的结果。

折断树木、摧毁电杆、吹倒围墙、吹翻车辆、毁坏房屋、袭击各种农业设施甚至造成人畜的伤亡，这些都是具有巨大破坏力的大风造成的后果。

（4）降温霜冻。

沙尘暴通常伴随有强冷锋，在冷锋过境后，通常会有剧烈的降温霜冻发生。降温幅度受冷空气影响，冷空气越强，降温幅度越大，降温持续的时间也会越长。

一次强沙尘暴通常会造成数亿元的直接经济损失，而对良田被毁、土地退化等生态环境和社会的影响，其损失则难以估计。

第十二章　遭遇风灾时的应急措施

 一、遭遇台风时的自救与互救

 1.遭遇台风袭击时的逃生自救法

遭遇台风时，最好待在坚固的建筑物内，尽量不要外出行走；必须外出时，应该弯腰将身体蜷成一团，以减少受风面积，一定要穿上轻便防水且绝缘的鞋子和颜色鲜艳、紧身合体的衣物，把衣服扣好或用带子扎紧；台风常伴有大雨，大风天气一定不要打伞，最好是穿上雨衣，戴好雨帽，系紧帽带。

行走时，应一步一步走稳，顺风时千万不要跑，否则很容易停不下来，甚至还有被狂风刮走的危险；如果有栅栏、柱子或其他稳固的固定物等可以帮助稳定行走的物体，一定要抓好；但要注意远离电线杆和掉落在地的电线。

在建筑物下或建筑物密集的街道行走时，要特别注意高空落下物或不明飞来物，以免被砸伤；走到道路拐角处时，要停下来仔细观察确定没有危险时再前进，留意不要被刮起的飞来物击伤；经过狭窄的桥或高处时，极易被刮倒或落水，若一定要通过时，最好的姿势是伏身爬行。如果台风期间夹着暴雨，要密切注意路上水深，防止有看不见的水坑或旋涡，最好拿一个木棍或竹竿一步一步探好

穿上雨衣，戴好雨帽

路再走。被水淹没的道路危机四伏，千万要小心。

在海边遭遇台风时，如果不慎被刮入大海，一定要想办法朝岸边的方向游，防止被海浪冲远。无法游回或体力不支时要尽可能地寻找漂浮物，保持体力以待救援。

强台风刮过之后，地面会风平浪静一段时间，但风暴并没有结束，所以一定不要轻举妄动，要继续待在房子里或原先的藏身处。一般来说，这种平静持续不到1个小时，风就会从相反的方向以雷霆万钧之势再度横扫过来，如果你是在户外躲避的话，趁这个时间要迅速转移到原来避风地的对侧。

如果需要及时转移避灾地点，一定要把握好时间，尽量和朋友、家人一起迅速离开，可以到地势较高的坚固房子或事先指定的洪水区域以外的地区。台风发生时，如果你是在移动性房屋、危房、简易棚、铁皮屋内，趁此短暂的平静时间，要迅速转移到安

全地带。但不要靠在围墙旁避风，因为台风刮倒围墙会导致人员伤亡。把你的撤离计划告知邻居和在警报区以外的家人或亲友，以备及时得到救援。准备转移时也要注意安全，防止地上断落的电线或岌岌可危的建筑，千万不要为赶时间而冒险趟过湍急的河沟。

2.台风期间外出时的注意事项

（1）远离海边，注意身边易倒、易碎物。

在暴风雨期间，要远离迎风门窗，若非迫不得已，尽量不要外出。假如非出去不可，也尽可能不要接近海边。在遭遇很大风力时外出，应尽量弯腰，同时留意道路两侧的易倒物，如围墙、行道树、广告牌等；从高大建筑物旁经过时，要小心从空中坠落下来的玻璃碎片、阳台花盆等，也要注意树倒枝折、电线杆倒杆断线、公路塌方等情况。

（2）开车外出时的注意事项。

如果在暴风雨期间开车出门，首先要检查刹车、雨刮器、车灯是否完好，以免在关键时候出现问题；开车时要集中注意力，为了防止车辆侧滑跑偏，遇到情况时不要猛踩刹车；遭遇大雨、暴雨时，要开启雾灯；跟车不要过近，不要频繁并线；转弯时应减慢车速，并轻轻转动方向盘；涉水时与前车保持距离，不要与之同时下水，以防前车因故急停车；路面有积水时，不要"勇往直前"，应该探明积水的深浅后再决定是否驾车通过；在山区的公路上行驶时，要随时留意山体滑坡情况的出现；对周围的情况做出一定观察后再决定是否停车，比如是否处于露天广告牌附近，停车处附近的楼上有没有容易坠落的花盆、杂物等，另外，要远离锈迹斑斑的空调外机。如果选择在地下车库停车，一定要事先确定车库是否具有完善的排水系统，否则，你就有可能在台风过后到水里去捞车。

带着雨具骑车要谨慎

（3）带着雨具骑车要特别谨慎。

假如在暴风雨期间骑自行车出门，雨具是不可或缺的，不过，骑车带雨具也有一定的讲究。有些技术好的人在骑车时喜欢用一只手把着车龙头，一只手拿着雨伞，这种违反交通规则的做法本来就不可取，在台风天气中，这样做更危险。那些习惯用雨披的市民，在出门时最好用夹子把雨披的前摆固定在车筐上，这样一来，就算风吹得再厉害，也不会出现雨披随风把脸遮住的危险情况。

 3.台风来临时的自救与互救

（1）暴雨来临前将电源插头拔掉。

为了防止遭到雷击，在暴雨来临之前要将各类电器的电源迅速切断。因为电波会引来雷电的袭击，在雷雨天不要使用手机、收音机等无线工具。

（2）避风避雨地点要慎重选择。

台风来临时，千万不要在容易造成伤亡的地点避风避雨，比如危旧住房、工棚、树木、铁塔、脚手架、电线杆、广告牌、临时建筑等。如果所住的房屋抗风能力较差或是危房，最好到亲友家中暂避。为了确保人身安全，群众应该听从当地政府部门的调度，如被要求撤离，要立即撤离，以确保人身安全。

（3）迎风一侧的门窗禁止打开。

台风来临时，迎风一侧的门窗千万不要打开，否则强气流有可能会吹倒房子。要关严门窗，玻璃门窗和铝合金门窗应当采取适当的防护措施。如果玻璃有裂缝或松动状况，为防止被风吹碎后四散开来，可以在玻璃上贴上胶条予以固定。千万不要逗留在玻璃门窗附近。台风来袭时，老人、孩子尽量不要出门。假若只有老人或孩子单独在家，一定要提醒他们紧闭门窗，也不要随意接近窗户，以免强风吹碎玻璃弄伤他们。

（4）从危险的堤塘内转移到安全地带。

台风能够引发风暴潮，江塘堤防、涵闸、码头、护岸等设施很容易被冲毁，附近的人员有可能被直接冲走。为避免造成人员伤亡，沿海渔船应该回港避风。沿海地区从事塘外养殖和处于危险堤塘内的群众要赶在台风来临前及时转移到安全地带。

（5）要防范泥石流、山体滑坡等地质灾害的出现。

如果刚好处于海边或山区，要注意及时排除屋内积水，提防因大风和暴雨引发的泥石流、山体滑坡和地面沉降等地质灾害造成人员伤亡。一旦发现泥石流、山体滑坡等地质灾害的征兆时，要当机立断，快速地撤离危险区，同时要尽快向有关部门报告，使周围居民也有充分的时间进行撤离。

（6）安全信号没有撤除时也要小心留意。

在解除台风信号，撤离地区宣布为安全区域后，才能够返回，但不要涉足危险和未知的区域，要遵守规定。在安全尚未确定时，不要随意使用煤气、自来水、电气线路等，同时，要有发生危险时求救于相关部门的准备。

4.台风的安全自救

台风灾害是世界上最严重的自然灾害之一，平均每年因台风死亡2万人左右，造成经济损失达60亿～70亿美元。全球每年出现台风约有60次，其中大约76％发生在北半球。我国是世界上遭受台风影响最多、最广、灾害最严重的国家之一。影响我国的台风平均每年约有20次，其中登陆的约占40％，是日本的2倍、美国的4倍。据统计，受台风影响，我国平均每年损失达30多亿元。

准备好食品、蜡烛和水

一般来说，台风到来之前都会有台风警报，此时要做到以下几点。

接到警报后不要再到海边游泳或驾船出海，在外人员要尽快回家。

准备好足够的食品、蜡烛和水，台风可能会导致数天无法正常生活。

住在地势低洼处的人一定要躲到台风庇护所；各种船舶要驶进避风港。电线附近的居民尤其要注意安全。

加固屋顶，关牢窗户，要做好防止玻璃被打碎的准备工作。一般来说，台风侵袭时待在家里最安全。

强风过后，天色会变得晴朗一些，此时千万不要以为台风已过，而应继续待在家里，因为更强更猛烈的暴风骤雨会紧随而来。

如果在野外高地遭遇台风，此时请待在原地，在台风中行走是极其危险的。

台风过后，掉在雨洼里的电线可能导电，要小心闪避。

另外，还要注意做好卫生防疫工作。

5.台风中行人的自救要领

城市街道公共设施复杂多样，台风来临时易对人、物造成伤害，所以最好待在家中。如果一定要外出的话，谨记台风自救要领。

外出时尽量穿上雨衣、雨靴或紧身衣裤，以减少受风面积。千万不能打伞。

不要在高墙、广告牌及居民楼下行走，以免发生重物倾斜或高空坠物伤人等突发事件。

远离高大树木、棚子、架子、架空的电线等，看见倾斜及倒下的电线杆等输电设施要绕行，以免触电。不要以为不冒火花的电线就没有危险。

远离高层施工现场，不要靠近塔吊或工地围墙。

注意街道积水。街道形成较深积水时是很危险的，要留意积水中是否有旋涡，防止落入窨井，也不要在道路边缘行走。

风大行走困难时，可就近到商店、饭店等公共场所暂避，最好选择坚固建筑物的最下面一层。

6.台风中驾车的注意事项

台风天气时，尽量不要驾车外出，如果不得已驾车在外，一定要保持低速慢行，这是最安全的办法。如果没有找到更好的避灾场所，尽量待在车里以躲避狂风的吹袭。

风中驾车注意事项：

车辆要停放在地势较高、空旷的地方。在进入停车场时，先要了解车库的排水设施是否完善，以免被水淹没。车辆不要停留在广告牌、枯树和临时建筑的下面，以防高物掉落。

台风中行车要注意安全

台风季节，汽车在高速公路行驶时，要时刻关注风的走向，特别要注意从车辆侧面刮来的风，尽量保持低速驾驶，如果车速过快，很容易翻车。

路面积水较深时，最好绕行，绕不过去时，要小心驾驶，不要猛加油门，因为不知路面积水中是否存在障碍物，而且刹车片浸在水中，会影响制动效果，来不及刹车避险。

在台风中行驶，一定要保持警惕，集中注意力，注意密集建筑物的街道是否会有高空物体坠落，注意路上慌乱躲避的行人，不要与急于赶路的行人抢行。

7.台风中不慎被卷入海里的自救方法

如果被台风不慎卷入风浪里，一定不要试图逆流而游，否则，即使游泳技术好，也很容易出现危险。

保持镇定是最重要的，不可胡乱挣扎、拍打。要拼命抓住身边任何有漂浮力的物体，如漂浮的木头、家具等物品。

落水前深吸一口气，落水时不要挣扎，自然的浮力会很快让你浮上水面。此时要借助波浪的冲力不断蹬腿游动，尽量观察好浪头的方向，浮在浪头上趁势前冲，奋力游回岸边。

浪头到时挺直身体，仰头，下巴前伸，使口鼻露出水面，双臂前伸或贴紧身体平放，身体像冲浪板一样；浪头过后一面踩水顺力前游，一面观察后一浪头的动向。

大浪接近时，游泳技术好的人可深呼吸趁势潜入浅海海底，把手插在沙层中固定住身体，等到海浪涌过后再露出水面，辨清方向后及时游回岸边。

8.航海船只在台风来临时如何避险

船只在海上航行时，最可靠的避险方法是不与台风正面相遇。

如果已经避之不及，可以采取"停、绕、穿"的方法紧急避险。

船只在海上航行或在海上作业时，要注意收听附近地区气象台的气象预报，及时了解海风、海浪情况。

保持与陆地指挥系统的联络，以便台风来临时能及时安全地避开。

已经出现台风前兆或台风预警时，尚未出港的船只必须推迟出航时间，待风暴过后再出航；已经在海面航行的船只则可以根据台风的移动方向和范围适当地改变航线、绕道而行，或抢在台风到来之前迅速穿过危险区域。

9.航船处在台风中心如何自救

如果航海船只已经处在台风中心，那么最好的办法是顶着风前进，以求脱离险境。

首先要保持镇定，弄清船只在台风中的位置，并尽快与海岸指挥部联系，及时发出求救信号。

根据风压定则，迅速果断地采取驶离台风中心区的措施：如果船只处在热带气旋前进方向的右半圆（即危险半圆）内，就向风向对右舷船首的航向行驶；反之，则朝着风向对右舷船尾的航向行驶。

若船只处在热带气旋的前部，而且在热带气旋行进路线上，也应该采取风向对右舷船尾的航向行驶。

切忌抛锚关机漂浮在海面，这样很容易翻船。

二、遭遇龙卷风时的自救与互救

1.龙卷风来临时的防护手段

掌握必要的龙卷风避险知识，可以最低限度地降低龙卷风造

成的危害。其中，降低龙卷风侵害的最好方法就是远离它，但是，不要单纯地以为骑车或者利用高速行驶的工具就可以躲避龙卷风。在龙卷风的多发地段，了解并掌握关于龙卷风在不同条件下产生不同状况的避险知识，做好必要的防护准备工作，是必不可少的。那么，在龙卷风来临前要做哪些准备工作，在其来临时又要采取何种防护手段呢？

首先，在龙卷风的多发地域，必须有坚固的地下或半地下掩蔽安全区建设，用以躲避龙卷风。在龙卷风多发季节，要及时收听天气预报，防患于未然。

如果预报龙卷风即将来临，要准备保暖的衣物、卫生方便的水与食品等物资。

龙卷风来临前，要把地面上的一切活动都停下来，不要躲避在活动的房屋或不固定的物体旁，要远离电线杆、树木等易被刮起来的物体。

龙卷风来袭

减低龙卷风的侵害

　　在龙卷风来临时，如果你正在室内，那么，要面向牢固的墙壁作蹲伏状，用手或其他可利用的物体保护好头部。

　　如果在室外，应迅速在附近的低洼处趴下，闭上口眼，同时用手臂保护好头部，以防被卷起的物体砸中。

2.龙卷风来临时的安全自救

　　龙卷风旋转速度可达每小时620千米左右，地面直径一般为25～50米，移动速度每小时50～65千米，会给所经之处造成毁灭性的破坏。

　　龙卷风到来时，应待在最坚固的庇护所里，如地下室、水泥屋。要远离窗户。

不要待在车里或大篷里，因为它们会被龙卷风吸入空中。

看准龙卷风到来的方向，朝风的垂直方向逃跑。

如果你没有办法躲开，最好躲在沟渠中或地面低洼处，用手保护好头部。

3.龙卷风来临时的自救措施

龙卷风有上天入地的跳跃性前行的特点，还有一定的运动轨迹，过后会留下一条明显的狭窄破坏带，破坏带旁边的物体即使近在咫尺也不会受到影响。所以遇到龙卷风时不要慌乱，要想办法观察龙卷风的运动轨迹，采取积极的措施躲避风灾。躲避的方向要与其运动路线成直角方向，避于地面沟渠或凹陷处，蹲下或平躺下来，用手遮住头部。

龙卷风在移行时，近地的漏斗状云柱上部往往向龙卷风前进方向倾斜，见到这种情况时，应迅速向龙卷风前进的相反方向或垂直方向回避。假如龙卷风从西南方向袭来，就向东北方向的房间或低洼地带躲避，最有效的措施是采取面壁抱头蹲下的姿势。

在龙卷风多发地带，每个家庭都应掌握一些龙卷风的避灾知识，提前规划安全避险的撤退路线和场所，最好能够提前进行演习。

在家时，要关闭所有门窗。有人说打开一侧窗户，使房屋内外气压差相等，可以防止房屋倒塌。这种说法并无科学依据，因为龙卷风并不会乖乖地沿着你家两侧窗户的路线行进。

要防止房屋在风雨中倒塌，可以在所有门窗上安装玻璃防风棚。龙卷风的风速强大，所以即使是从门窗缝隙进入屋内也威力无比，要从细节上做好防范措施。具体做法是：根据每扇窗户和每个玻璃门的现有长度，将长和宽都增加20厘米，即门和窗的每侧各增加10厘米，这样就可以用胶合制成防风棚。同时要加固门锁，以保证其经受住猛烈的风暴袭击。

在家中避灾时候要远离门、窗和房屋的外围墙壁，最安全的是迅速躲到混凝土建筑的地下室或地窖中。如果没有地下室或地窖，应尽量往低处走，而不能待在楼房上面，要躲到与龙卷风方向相反的小房间抱头蹲下，但不要待在重家具下面，防止被砸伤。应尽可能用厚软的外衣或毛毯等将自己裹住，以防御可能四散飞来的碎片。相对来说，小房间和密室要比大房间安全。

不要匆忙逃出室外，尽量在屋内寻找安全地带。如果已经离开住宅，则一定要远离危险房屋和活动房屋，向垂直于龙卷风移动的方向撤离，藏在低洼地区或平伏于地面较低的地方，保护头部，同时防止被水淹。在电杆倾倒、房屋倒塌的情况下，必须及时切断电源，防止人体触电或引起火灾。

伏于地面抱头蹲下

在野外遭遇龙卷风时，要快跑，但不要乱跑，应就近寻找与龙卷风路径相反或垂直的低洼区伏于地面抱头蹲下，远离大树、电线杆，以免被砸、被压或触电。

开车外出遇到龙卷风时，千万不能盲目躲避，也不要在汽车中躲避，应该立即停车并寻找低洼地带躲避，防止和汽车一同被卷走或因为汽车内外强烈的气压差使汽车爆炸。

龙卷风过后还要继续密切注意关于龙卷风的最新预报。因为龙卷风往往是接连而来的。

大风中多发生触电事故，主要是由于大风刮倒的电线杆还有电流，行人不慎踩到被掩埋在树木下或积水中的电线造成的。因此，大家在大风中外出行走时不要赤脚，最好穿上有绝缘材料鞋底的鞋子。在大风天气中行走时，要仔细观察地形、谨慎行路，以免踩到电线。一定要避免在电线杆、铁塔等电力设施附近走动，发现有垂落的电线时要绕行。

4.适合躲避龙卷风的地方

最安全的位置是躲在坚固的地下室或半地下室的掩蔽处。也可以选择防空洞、涵洞。

躲在高楼最底层、走廊和地下部位，既不会被风卷走，也不会被东西堵住。

在野外空旷处遇到龙卷风时，可选择沟渠、河床等低洼处卧倒或抱头蹲下。

不要到仓库、礼堂、临时建筑这类空旷、不安全的场所躲避，远离电线杆、危墙等可能对人造成伤害的地方。

5.公共场所如何躲避龙卷风

在突发事件中，公共场所因为人群集中、建筑较多，所以往往都是重灾区。在公共场所遭遇龙卷风，应该如何避险呢？

服从风灾处理机构的统一部署，有组织、高效率地迅速完成安全转移。不要慌乱，避免踩踏现象出现，保证个人安全。

来不及逃离时，迅速向龙卷风前进的相反或垂直方向躲避，龙卷风是不会突然转向的。可以就近寻找低洼处伏于地面，最好用手抓紧小而不易移动的物体，如小树、灌木或深埋于地下的木桩。

在学校、工厂、医院或购物中心这类公共场所时，要到最接近地面的室内房间或大堂躲避。远离周围环境中有玻璃或有宽屋顶等易被吹碎产生下落物的地方。

远离户外广告牌、大树、电线杆、围墙、活动房屋、危房等较易倒塌的物体，避免被砸、被压。用手或衣物护好头部，以防被空中坠物击中。

在屋外若能够听到或看到龙卷风即将到来时，应避开它的路线，与其路线成直角方向转移，避于地面沟渠或凹陷处。不要在龙卷风前进的方向迎风躲避，否则极易遭到伤害。

 ### 三、遭遇沙尘暴时的自救与互救

 #### 1.沙尘暴来临时的自我防护措施

沙尘暴来临时，应该立即停止一切露天集体活动，并及时有序地将人群疏散到安全的地方躲避。如果你在家中，要尽量安置好家中的老人、孩子和病人，不要待在高柜、高台下，以免被坠落物砸伤；将门窗关好，并用胶带等物将门窗处的缝隙封好，以防碎裂的玻璃伤人；如果屋里的能见度降低，为避免发生碰撞事故，要及时进行照明；备好防尘物品，如风镜、口罩等，以备不时之需。

沙尘暴来临时如果非出去不可，应该有相应的自我防护措施：

外出前，系好衣领和袖口，同时戴好防护眼镜及口罩，或用纱巾罩在面部，以抵御风沙对面部的侵袭。在马路上行走时，应随时留意交通状况。不要冒冒失失地横穿马路，要留意车辆的行驶状况，注意安全。要尽可能避开高层建筑、施工工地，以免被高空坠落物砸伤。避开老树、枯树、围墙、危房、广告牌匾及高大树木，以防这些东西被风吹倒砸伤自己。同时也要远离水渠、水沟、水库等水域，避免发生落水溺水事故。

2.风沙迷眼时的应对措施与避忌

沙尘暴来临时，如果被风沙迷了眼睛，不要用手揉搓而试图将沙子揉出来，这样对眼睛有相当大的危害。要尽快用清水冲洗或滴眼药水，以保持眼睛湿润，使尘沙易于流出。如果仍有不适，要尽快就医。

用手揉搓眼睛，会造成哪些伤害呢？

（1）会损伤眼睛的角膜。

像照相机镜头前面的一层玻璃一样，眼球表面的角膜也需要保持洁净。沙尘钻进了眼睛，会附在角膜上，此时，用手揉擦会使带棱角的小沙粒、尘土将原本光滑的角膜磨出一道道痕迹，造成看不清东西的后果，且会更加不舒服。如果角膜受到严重的损伤，甚至会导致角膜炎继而对视力造成伤害。

（2）极易引发感染。

在用手揉眼时，手上的细菌很容易被带到眼睛里，引起感染发炎。